이지누의 집 이야기

이지누의 집 이야기

2006년 4월 6일 초판 1쇄 발행
2007년 10월 17일 초판 2쇄 발행

펴낸곳 (주)도서출판 삼인

지은이 이지누
그린이 류충렬
펴낸이 신길순
부사장 홍승권
편집장 최인수
책임편집 강주한
편집 양경화 김종진
마케팅 이춘호
관리 심석택
총무 서장현

등록 1996.9.16. 제 10-1338호
주소 121-837 서울시 마포구 서교동 339-4 가나빌딩 4층
전화 (02) 322-1845
팩스 (02) 322-1846
E-MAIL saminbooks@naver.com

표지디자인 (주)끄레어소시에이츠
제판 문형사
인쇄 대정인쇄
제본 성문제책

ⓒ 이지누, 2006

ISBN 89-91097-39-1 03810

값 12,000원

이지누의 집 이야기

삼인

•••먼저 하는 이야기
사람의 집에서 사람을 찾다

글 잘 쓰기로 소문났던 허백당虛白堂 홍귀달(1438~1504)은 대쪽같은 성품을 지닌 흠 잡힐 곳 없는 선비였다. 불의와 타협하지 못하던 그는 1479년, 연산군의 생모인 윤비 폐비에 맞섰다가 옥살이를 했는가 하면 1498년 무오사화 때는 왕이 그릇되게 펼친 정사 열 가지를 간하다가 좌천을 당하기도 했다. 또 1504년, 손녀를 궁으로 들이라는 왕명을 거역하여 장형杖刑을 받고 함경북도의 북쪽 끝인 경원慶源으로 유배를 가던 중 단천端川에서 교살을 당하고 말았다. 그토록 올곧은 성품을 지닌 그이의 집은 한양의 목멱산 아래 있었는데, 어인 까닭인지 나라 안에서 가장 큰 집이라며 손가락질을 받았다.

청렴결백하기로 소문났던 그의 집이 뜻밖에 아흔아홉 칸도 아닌 무려 구백 구십 아홉 칸이나 되었으니 그럴 만도 했겠다. 그러나 소문을 듣고 집 구경을 간 사람들은 눈이 휘둥그레지며 또 한번 놀라지 않을 수 없었다. 구경꾼들의 눈앞에는 판서를 지낸 사람의 집이라고는 도저히 믿겨지지 않는 볼썽사나운 단칸짜리 초막이 덩그마니 서 있었던 까닭이다. 허름한 초가삼간보다도 못해 여름이면 비바람이, 겨울이면 칼바람과 주먹만 한 눈송이가 제집처럼 드나드는 헛간과도 같은 집. 소문과는 달리 한 몸 뒤척이기도 쉽지 않을 한 칸짜리 초라한 집을 보며 입을 벌리고 있던 구경꾼들이 마침 집에 돌아오는 그에게 묻는다.

"아니. 대감 이 좁은 데서 어찌 살아간다 말이오?" 그러자 홍귀달은 "아무리 작은 집이라도 눈감고 누워서 구백 구십 아홉 칸의 생각을 해도 그것이 이 단칸방 하나조차 못 다 채우는데 무슨 더 큰 욕심을 낸다 말이오. 난 이것으로도 모자람이 없소"라고 했다. 사실 우리 옛집 기준으로 한 칸이면 한 사람이 뒹굴뒹굴 구르고도 남을 만한 넓이이다. 식솔들을 고향에 두고 온 그로서는 그다지 넓은 집이 필요 없었으니 한 칸짜리 집에서 마음속으로는 구중궁궐보다 더 큰 집을 짓고 있었던 셈이다. 그는 그 집을 허백당이라 불렀으니 그 뜻은 아무것도 두지 않은 빈방에는 빛이 들어와 방을 환하게 비추듯 마음 또한 욕심을 버리고 비워 놓으면 깨달음이 들어찬다는 말이다. 비록 그의 집은 작은 것이었을지 모르나 그의 생각만큼은 크기만 했던 것이다.

그런가 하면 기원전 4세기의 아테네에는 소크라테스의 제자 안티스테네스가 있었다. 그는 키니코스 학파를 만들었고, 그들을 통해 냉소주의 혹은 견유주의犬儒主義라 불리는 시니시즘cynicism이 세상에 나왔다. 기존의 문화적·정신적 그리고 특히 도덕적 가치를 경멸하는 것이 특징인 도덕적 품성을 지닌 시니시즘. 그것을 꽃피운 이는 디오게네스다. '통 속의 철학자'라 불리는 그는 덕지덕지 꿰맨 누더기를 걸치고 아테네를 걸으며 말한다. "정말 잘 차려 입은 사람을 만날 때 즐거워지는 것은 내 눈이지 그 사람의 눈이 아니다. 그 사람은 나의 남루한 누더기를 보게 되겠지만 나는 그 사람이 걸친 훌륭한 옷을 볼 수 있으니 말이다."

그러던 어느 날 그는 생쥐들이 어둠을 두려워하지도 않고 잠잘 곳을 필요로 하지도 않으면서 돌아다니는 것을 본다. 그 순간 그는 생쥐처럼 살기로 결정한다. 그 후 디오게네스는 낡은 천으로 만든 자루 하나를 어깨에 걸치고 다니면서 아무 곳에서나 잠을 자기 시작했다. "온갖 근심걱정을 안고 살기를 바라는 이들에게 세상의 모든 물건을 맡겨 두기로 하자. 나는 이렇게 내 집을 어깨 위에 메고 다니면 그만이다. 하늘보다 더 좋은 지붕이 어디 있단 말인가. 풀보다 더 부드러운 베개가 어디 있단 말인가. 꽃과 나무보다 더 좋은 장식품이 어디 있단 말인가." 날씨가 좋은 날이면 그는 자연을 벗하며 아무 곳에서나 잠이 들었고 궂은 날이면 커다란 빈 물통을 찾아들어 갔다. 그리고는 말한다. "이 얼마나 훌륭한 집이란 말인가. 가구도 필요 없고 자물쇠나 열쇠도 필요 없으니 말이야."

시대와 공간을 넘어서 홍귀달과 디오게네스의 철학은 같은 것이고 그 철학이 서로의 집을 만들었다. 그러고 보니 집이란 목수가 만드는 것이 아니라 철학이 만드는 것 아닌가. 그 탓인지 집은 주인의 생각을 빼다 박은 닮은꼴일 수밖에 없다. 그래야만 서로 서걱대지 않고 물 흐르듯이 집과 사람이 어울려 살아갈 수 있으니까 말이다.

어린 시절 내가 살던 집은 분명 홍귀달의 허백당이나 디오게네스의 통보다는 화려했다. 고샅을 돌아가면 막다른 곳에 언제나 덜거덕거리는 소리를 내던 빗장이 달린 나무로 만든 대문이 있었다. 대청마루는 대문간에서 나의 작은 걸음으로 오십 걸음 남짓하게 걸어야 닿을 수 있었고 대문간에는 오른쪽으로 변소, 왼쪽에는 헛간이 있었으며 부엌 뒤에는 우물이 있었다. 앞뜰과 뒤란에는 봄부터 가을까지 꽃들이 쉴 새 없이 피어나던 정겨운 그곳에서 아버지와 어머니, 형과 나 그리고 동생 둘을 합해 모두 여섯 식구가 알콩달콩 살가운 정을 나누고 살았다.

방은 모두 세 칸이었고 겨울이면 발이 시려 종종걸음으로 뛰어다니던 대청과 숨바꼭질이라도 할라치면 언제나 숨어들던 다락방도 있었던 그곳. 어느덧 세월이 지나 내 집을 가지고 나서 되돌아보니 그 집에서 살았던 어린 시절이 단지 추억이라는 말로만 던져두기에는 아쉬운 것이 한둘이 아니다. 옛 생각이 조금씩 나기 시작하는 요즈음에 들어서야 어른들의 집 가꾸기가 곧 사람 가꾸기였다는 것을 어렴풋하게나마 깨닫기 때문이다. 집 안에서 일어났던 크고 작은 일들, 그 모든 것들이 옛 사람들의 생각이었음을 그리고 그것이 알게 모르게 지금의 나에게 큰 가르침이 되어 있음을 부정할 수 없다.

내가 살던 집에서 그리 멀지 않은 곳에 가뭄에 콩 나듯이 미소를 머금을 뿐 무뚝뚝하기만 했던 할아버지와 손에 쥐면 터질까 언제나 따뜻한 눈으로 우리를 다독거리던 할머니가 계셨다. 달음박질을 하면 숨이 차기도 전에 닿을 수 있던 그곳은 큰집이었고 그곳엔 할아버지와 할머니 말고도 큰아버지와 큰어머니, 누나와 사촌형 넷을 더해 모두 아홉의 식구들이 살았다. 또 그곳에서 저녁 먹고 마실 삼아 갈 수 있는 거리에는 작은 고모가 살았고, 외갓집은 집 앞에서 시발택시를 타고 가서 강둑을 한참이나 걸어야 하는 제법 먼 곳에 있었다. 그 집에 살던 이들은 모두 나의 어른이었고 집안 모두를 합해 내 아래로는 아직 어린 동생들 둘밖에 없던 터라 난 언제나 심부름을 도맡아야 하는 처지였다.

어느 하루. 예쁜 새색시가 옆집에 셋방을 구해 이사를 왔다며 시루떡을 가지고 왔다. 어머니는 고맙다며 떡을 받은 쟁반을 깨끗하게 훔치고는 사과 세 알을 담아 돌려보냈다. 그리고는 떡을 반이나 됨직하게 덜어서 다른 쟁반에 담고는 나를 불렀다. "이거 큰집에 큰어무이 계시나 모르겠다. 큰어무이 안 계시마 할매한테 옆집에 이사 왔다꼬 가주온기라 카미 드리라. 알았제." 옆집에서 나누어준 먹을거리가 많거나 적거나 상관없이 어머니는 언제나 다시 나누었고, 그것을 큰집에 갖다 드리는 일은 항상 나의 몫이었다. 번개처럼 달려갔다가 얼른 집으로 돌아와서 떡을 먹어야 하는데 할머니는 꼭 나의 덜미를 잡곤 했다. "하이고 이놈의 자석아. 쫌 천천히 댕기지. 그 카다가 넘어지마 우짤라 카노. 뭐꼬. 떡이가. 누가 이사 왔나. 옆집에 문간방 났다 카디이 그새 누가 이사 왔다나. 하이고 이 떡 좀 보거래이. 팥고물도 우째 이리 안 뿌사지고 곱게 잘 올릿노. 이거 집에서 했다 카더나. 그랬시마 그 색시 지대로 배운 사람이구마. 가마이 있어라 보자. 요고는 할배 꺼, 요고는 너거 큰아부지 꺼. 요고는 누부야 하고 히야들 꺼. 그라고 이거는 니하고 내하고 묵자."

안절부절. 집에 남겨 두고 온 떡을 고만고만한 형제들이 다 먹어 버릴까 싶어 불안한 기색이 얼굴에 가득 고인 것이 그만 들통이 나고 말았다. "괘안타. 여서 이거 묵고 집에 가마 너거 어매가 니 꺼 또 남가 놨다. 고마 걱정하지 말고 이거나 실컷 묵고 가서 또 무라. 니 꺼 안 남가 놨시마 내한테 케라. 고마 너거 어매를 내가 뭐라 칼 끼이께네. 알았제. 물 마시가미 천천히 무라. 지누 저거는 우째 그래 잘 뛰 댕기는지……."

할머니야 뭐라 하시던 말던, 마음이 급하니 떡이야 눈으로 들어가는지 코로 들어가는지 우격다짐으로 먹고는 집으로 달려갔다. 마치 떡은 구경도 못한 것처럼 시치미를 떼고 "내 떡은……"하면서 울상을 지으면 어머니는 "우리 지누 꺼는 저 찬장에 있다. 꺼내 온나. 같이 묵구로"라고 했다.

그제야 내 얼굴은 환하게 바뀌었지만 때를 기다렸다는 듯이 어린 동생들 중 하나는 내 몫으로 남겨 놓은 떡에 또 하나는 내 얼굴에 눈길을 꽂고 있었다. 그러면 나는 짐짓 인자한 형인 양 동생들에게 선심을 쓰곤 했다. "와, 이거 묵고 싶나. 그라마 일로 와서 무라. 다 무도 괜찮으께네 물 마시 가미 천천히 무라. 체한데이……" 이미 내 배는 불러 있었으므로 난 어느덧 할머니가 나에게 했던 말 그대로를 동생들에게 하며 할머니가 나를 바라보던 것처럼 떡을 먹는 동생들을 물끄러미 바라보곤 했다.

떡을 다 먹은 탓에 활기가 넘치는 우리 형제들은 놀이를 해야 했다. 술래잡기를 하거나 십자가생, 팔자가생, 딱지치기, 구슬치기, 비석치기를 하려 해도 구태여 골목으로 나갈 필요가 없었다. 사내만 넷이니 형제도 충분했고, 그것을 할 수 있을 만큼 마당도 넓었으니까 말이다. 뒷마당, 마루 밑, 다락방, 헛간 심지어는 지붕 위까지 그곳 모두는 우리들에게 아주 중요한 장소였고, 소중한 딱지나 구슬 혹은 아버지가 보지 말라고 하던 『라이파이』나 『황금박쥐』 같은 만화책은 그곳 어딘가에 감춰 두게 마련이었다. 그리고 우리들은 눈짓으로 그 비밀을 나누어 가졌지만 때로 그것이 들통이 나면 비밀을 누설한 사람을 찾아 놀이에 끼워 주지 않거나 만화책을 더 이상 보지 못하게 가혹한 응징을 하곤 했다.

따돌림을 받으면 뾰루퉁해진 우리들 중 하나는 집 안의 어디 한구석에 가서 쭈그리고 앉아 있었던 통에 밥 먹을 때가 되면 식구들이 한참을 불러야 겨우 찾아낼 수 있었던 집. 그 장소마다 이야기들이 한 아름씩 듬뿍 배어 있다. 사람이 살았던 탓이다. 이것은 한갓진 노스텔지어적인 감상의 추억만은 아니다. 집에서 같이 산다는 것은 사랑과 가르침을 나누는 일이다. 집은 어른들의 생각으로 꾸며지고 그 안에 사는 사람들 또한 그 생각에 따라 가꾸어진 것이나 다름없다. 사람이 집을 가꾸면 집이 사람을 반듯하게 다듬어 주었던 것이다. 요즈음 들어 때로 그런 것들이 그리울 때가 많다. 부쩍 그런 생각을 하게 된 것은 요즘 집에는 사람이 살지 않는 듯한 나의 착각에서부터 시작된다.

어느 날부터 우리들은 집주인의 생각으로 지어진 것이 아니라 규격화·표준화되어 만들어진 집에 들어가 살게 되었다. 집주인의 생각은 사라지고 오히려 집에 생각을 맞추면서 살기 시작한 것이다. 그것은 아파트나 빌라 혹은 연립주택이라는 공동주택이 만들어지고 나서부터이다. 그때부터 참 많은 것들이 달라지기 시작했다. 편리함이나 합리적이라는 것을 얻기는 했지만 그만큼 잃은 것도 많았다. 그곳에 살면서부터 우리들의 할머니나 할아버지, 어머니나 아버지에게 은근히 혹은 넌지시 배울 수 있었던 것은 깡그리 사라지고 말았다. 또 바뀌어 버린 집 구조 덕에 마당을 가지지 못했으니 사람 살아가는 데 중요한 의례인 관혼상제가 모두 집 밖에서 치러지고 만다. 그것은 몹시 슬픈 일 가운데 하나이다. 사람살이에서 그것을 통해 얻을 수 있는 것은 무엇보다 많았기에 그것이 집 밖으로 나가자 사람도 덩달아 따라 나가서는 아직껏 돌아오지 않고 있는 듯 보여진다.

할머니는 시루떡을 쪄내는 것만 보고도 "그 색시 누군고 몰라도 지대로 배운 사람이네"라고 했는데 이젠 떡이라는 것은 돈을 주고 사서 돌리고 마는 무엇이 되었다. 그나마 떡을 나누어 먹는 일조차도 드물지만 간혹 떡을 받아먹으면 "이 떡집 비싼 집인데. 뭐 하러 이렇게 돈을 써", "이 집 떡 맛있다. 우리도 다음에 이 집에 주문하자." 이렇게 되고 말았으니 떡을 돌린 사람은 간데없고 떡집만 남고 만 것이다. 할머니가 들었으면 기함하고 자빠졌다가 다시 벌떡 일어나 호통을 칠 노릇이다. 이 집에서 돌리는 떡이나, 저 집에서 돌리는 떡이나 매한가지이면 서로의 집에 사는 사람이 같다는 이야기이다. 사람이라는 것은 모두 제각각 다양한 존재의 상징일진대, 그 다양함으로 만들어 내는 솜씨 또한 별의별 것이 다 있음 직한데 집 하나 같아졌다고 모든 것이 닮아 간다.

아무래도 그건 아닌 것 같다. 물론 세상이 그런 걸 어떻게 하냐고 하면 할 말이 없을 듯싶지만 나는 그래도 "그거는 아니지요"라고 대답하련다. 집이라는 것은 사람과 함께 있어야 하는 법이다. 어디 길 떠나 봐라. 팍팍한 산골 생활이 힘에 겨워 훌쩍 떠나 버린 빈집은 제법 먼 곳에서도 단박에 알아차릴 수 있다. 사람의 기운이 빠진 탓이다. 사람이 살지 않는 집은 더 이상 집이 아니지 않겠는가. 나는 사람이 사는 집을 꿈꾼다.

디오게네스가 한낮의 아테네 거리에서 등불을 켜 들고 "인간은 어디에 있는가?"라며 사람 사이를 헤매고 다녔듯이 나 또한 버젓이 사람이 잘 살고 있는 집에서 다시 사람을 찾으려 한다. 바보 같은 짓일지 모르겠지만 지금같이 사람이 손님처럼 드나드는 집이 아니라 사람이 주인이었던 시절의 집, 그리고 그런 사람을 만나고 싶다. 다행스럽게 나에겐 잠시나마 그런 시절이 있었다. 그 시절, 집 안 구석구석 배어 있거나 숨어 있는 이야기들을 끄집어내 되새김질해야 할 것 같다는 생각이 크다. 집이란 세상에 존재하는 그 무엇보다 아름다운 사람들이 만들고 그들이 머무는 곳이기 때문이다.

이 글들은 2001년부터 2002년까지 월간 『행복이 가득한 집』에 연재했던 것을 다시 다듬고 매만진 것이다. 하지만 연재를 할 때나 다시 글을 매만질 때나 내 머릿속에서 떠나지 않은 것은 이미 세상을 떠나신 할아버지와 할머니, 아직도 건강하신 아버지와 어머니 그리고 형과 동생의 얼굴이다. 글을 쓰면서 당신들의 깊고 깊은 사랑을 뒤늦게 깨달았으니 그 무엇과도 바꿀 수 없는 소중한 것을 얻었지 싶다. 그동안 왜 사랑한다는 말 한마디조차 하지 못했을까 하는 아쉬운 마음이 크다. 그러나 나의 가족들에게 이제라도 사랑한다고 말할 수 있는 기쁨 또한 크니 글을 쓰는 내내 즐거울 수 있었다. 나의 존재를 가능하게 해준 부모님들에게 사랑한다는 말로 고마움을 대신하며 글을 마친다.

2006년 봄
이지누

이야기 싣는 순서

먼저 하는 이야기 | 사람의 집에서 사람을 찾다 ...5

01 골목 이야기 ...17

내게 가장 멀었던 유배지 | "야들이 전부 어데 갔노? 그 집 아는 있능기요?" | "우린 친구 아이가. 니 혼차 그라마 되나?" | 홍랑의 골목에서 술에 취해 봄을 찾았네 | 작지만 풍요로운 사회

02 대문 이야기 ...35

"문 걸어라"와 "문 잠궈라" | 하늘로 열린 문과 열두 대문 | 남녀가 서로 달리 드나들었던 문 | 안으로 열리는 문과 밖으로 열리는 문 | 사립문 밖은 온통 풍진인데

03 울타리 이야기 ...55

"다래 몽둘이를 치고 들어왔다" | 벽이 있을 뿐 울타리가 없다 | 한울타리에 묶이는 우리와 묶이지 않는 서양 | 관음과 도청의 욕구 | 울타리는 치고, 담은 쌓는다

04 변소 이야기 ...77

간혹 그곳에 가고 싶다 | 모과향기 가득한 통시에서 읽던 책 | 할아버지의 헛기침과 변소각시 | 내가 본 것은 누구에게도 말하지 않는다 | 불타는 똥의 거리와 하이힐 | 얼레리 꼴레리, 지누하고 전희는… | "야가 변소에 빠졌나 우옛노"

05 마당 이야기 ...101

허균이 꿈꾸던 집 | 내 마음속의 마당 깊은 집 | 뜰 앞 석류나무 두 그루의 비밀 | 동산바치들이 가꾼 뒷마당 | 석류를 주었던 그리운 희면이

06 지붕 이야기 ...119

계곡 장유 선생의 지붕 | 고드름은 하늘이 주신 선물 | 양철지붕을 두드리던 빗소리 | 제비가 내려앉으려다 다시 날아오르는 선 | 수막새에 새기고 싶은 가족의 얼굴

07 우물 이야기 ...137

물이 세상으로 나오는 구멍 | "드레 우므레 므를 길라 가고신던" | 지누가 우물에 빠진 날 | 물지게와 수박화채 | 호랑이 외할아버지의 으름장

08 부엌 이야기 ...155

집 있으면 불부터 먼저 들어간다 | "싀어마님 며느라기 낫바 벽바흘 구루지 마오" | 자연 훈제가 된 과메기 | 조왕신의 입에 엿을 붙이다 | 분배가 이루어지는 신성한 장소

09 마루 이야기 ...173

　　김일의 헤딩과 부러진 다리 | 댓돌 위에서 서럽게 운 까닭 | 일곱 자 반 그리고 비트루비우스 | 다섯 자의 여유와 제사 | 동동구리무장수와 각설이 그리고 이웃 | 천리만리 유배 길이었던 쪽마루 | 성주동이와 참종이 | 바람을 이불 삼아 어머니 무릎 베고 잠들던 나의 마루

10 창문 이야기 ...197

　　내가 보던 창 | 내가 듣던 창 | 소리는 막고 풍경은 크게 | 빛은 들어오지만 냄새는 나가지 못하고 | 책을 읽고 시를 짓는 문학의 통로 | 창문에 피었던 꽃

11 구들 이야기 ...215

　　장작 땐 방에서 물걸레질을 하다 | 구들과 마루의 탁월한 더부살이 | 구들장이 홍씨 할아버지 | 아랫목에 묻어 두었던 밥

12 방 이야기 ...233

　　춘원 이광수의 부동산 투기 | 책만 읽던 바보가 만든 이불과 병풍 | 달팽이처럼 작은 띳집 | 우울했던 나의 첫 번째 소풍 | 그림자를 본받다 | 색즉시공 공즉시색

01
골목 이야기

"비겁하구로. 니 그라지 마라, 우린 친구 아이가"

내게 가장 멀었던 유배지

내가 어린 시절을 보낸 집은 사진 몇 장으로만 남았을 뿐 흔적도 없이 사라져 버렸다. 집뿐 아니라 동네 전체가 깡그리 달라져 버린 것이다. 그 자리에 아파트가 들어섰기 때문이다. 십여 년 전쯤, 그곳을 찾아갔다가 맞닥뜨린 그 난감한 장면 앞에서 한동안 말을 잊었던 적이 있다. 그때부터였던 것 같다. 예전에 내가 살던 집에 대한 생각이 새록새록 돋아나기 시작한 것이 말이다. 온갖 생각이 스쳐 지나가고 또 마음속에 한동안 머물기도 했지만 그 중 유난했던 것이 골목이었다. 그곳에서 내가 겪었던 여러 가지 일들은 지금 어디에서도 배울 수 없는 것이기 때문이지 싶다.

우리 집은 막다른 골목의 가장 끝에 있었다. 집에 들어가거나 나오려면 그 고샅을 에돌아 두어 집을 지나야 했다. 시금 생각해 보면 50미터나 되었을까. 그곳을 지나면 사방으로 갈라진 아주 작은 사거리였다. 그 중 곧장 나아가는 골목은 큰 찻길로 가는 길이었고, 오른쪽으로 나가면 사

진관이며 이발소, 약국 그리고 철물점이나 구멍가게와 같은 것들이 다닥다닥 붙어 있는 저잣거리와도 같은 곳이었다.

  자동차가 다니는 큰 찻길로 나가는 날은 병원에 가거나 기차를 타러 대구역으로 나가시는 아버지를 배웅하러 가는 날이었다. 아버지는 심심찮게 서울에 다녀오시곤 했는데, 떠나실 때는 많이 보았으되 오시는 모습을 본 적은 별로 없다. 늘 한밤중에 도착해 자정이 넘어 돌아오시곤 했으니까 말이다. 손목에 야간통행을 허락하는 시퍼런 도장을 찍은 채 아버지가 돌아오신 다음날 아침, 우리 형제들은 캐러멜부터 찾았다. 담뱃갑 같은 상자곽에 들어 있던 그것은 먼 길 떠나셨던 아버지가 돌아오실 때면 언제나 가방 속에 있었고, 우리들은 아버지가 돌아오시는 것도 좋았지만 사실은 그 캐러멜을 더 기다리고 있었다.

  병원 또한 자주 갈 일이 없었다. 아주 크게 아프지 않으면 저잣거리의 약손 할머니에게 가서 따거나 고약을 붙이며 뜸을 뜨곤 했다. 손바닥만 한 골방에 계시던 약손 할머니는 배가 아프다며 찾아가면 바늘로 손톱 위를 꾹 찔러 검은 피를 쏟게 했다. 그리곤 내손은 약손이라며 배를 어루만져 주던 그런 분이었다. 그러니 큰 찻길에 있는 병원에 가는 날은 어디가 찢어지거나 부러졌을 때였다.

  아버지의 심부름을 갈 때나 어머니와 함께 시장에 갈 때는 대개 오른쪽 골목을 향했다. 그러나 놀이를 할 때에는 왼쪽 골목이었다. 학교에 갈 때도 저잣거리를 통해서 가야 했으니 큰길로 나가는 날은 드물었다. 또 작은 사거리까지 나가야 동무들을 만날 수 있었으니 우리 집으로 드나드는 고샅에서 노는 일은 거의 없었다.

  그 골목들은 모두 한결같았다. 겨우 리어카 한 대가 지날 수 있는 정도였으니 큰길로 나가기 전에는 자동차와 마주칠 일은 결코 없었다. 골목은 모두 흙바탕 그대로에 담을 따라 군데군데 수채가 흘렀다. 먹다 남은 음식찌꺼기들이 흘러나오기도 하던 그곳에서는 지렁이들이 굼실거리며 기어 다니고 여름날이면 땅강아지들이 날아다니기도 했다. 장난을 치다가 발을 헛디디면 그곳에 빠지기도 했는데, 그 고약한 냄새는 아직도 잊히지 않는다. 여름이면 간혹 허연 DDT 가루가 듬뿍 뿌려져 있기도 했지만 모기가 득시글거렸다. 골목의 담은 얼기설기 판자를 세운 것이 대부분이었는데, 더러 블록으로 세운 담이 있기도 했다. 그 담의 끝에는 철조망이며 유리병을 깨트려 뾰족한 쪽을 하늘로 향하게 박아 놓았으니 공놀이를 하는 우리들은 그 담이 있는 곳을 피해서 놀았다. 축구공이라고 해야 겨우 비닐로 만든 것뿐이었을 때여서 그곳에 닿기만 하면 바람이 빠져 버리곤 했던 탓이다.

  그 좁은 골목에서 공놀이를 하다가 남의 집 유리창이나 전봇대에 매달린 보안등이라도 깨트리는 날이면 된통 혼이 나곤 했다. 그럴 때면 집주인에게 혼이 나고 살금살금 집에 들어갔다. 그러나 아무리 쉬쉬해도 신기하게도 어머니는 벌써 그 일을 알고 계셨다. 그런 날은 방에도 들어가지 못했다. 마루에서 두 팔을 들고 무릎을 꿇은 채 아버지가 돌아오실 때까지 벌을 서야 했기 때문이다. 보안등 정도를 깨트린 날은 아버지가 돌아오시면 대개 용서를 받았지만 유리창을 깬 날은 그렇지 못했다. 내가 깬 유리창의 크기에 따라 오히려 마당으로 쫓겨나기도 했으니 말이다. 그러나 그것은 아무것도 아니었다. 하필이면 남의 집 일 년 먹을 간장독이라도 깬 날은 아예 집 밖으로 쫓겨나 대문간에서 더 먼 골목 모퉁이에서 웅크리고 있어야 했다. 집에 들어갔다가 되레 집 밖으로 쫓겨난 것이다.

그렇게 한참 있으면 침울한 얼굴을 한 동생이나 형이 나타나서는 집안 분위기를 전해 주며 먼저 밥을 먹은 것에 대해 미안해 하곤 했다. 대개 아버지가 저녁상을 물릴 때쯤에 어머니가 나오셔서 나를 데리고 들어가곤 했다. 그러니 골목은 장난꾸러기였던 내가 가장 심한 형벌을 받고 떠났던 가장 먼 유배지이기도 한 셈이다. 그곳으로 쫓겨날 때마다 나는 서럽게 훌쩍거렸다. 그곳은 집의 울타리를 벗어난 밖이기 때문이었다. 어머니 손에 이끌려 따로 차린 밥상 앞에서 눈물은 흘리고 콧물은 들이마시며 밥을 먹고 있는 어린 소년의 처량한 모습을 상상해 보라. 그러나 풀죽은 모습으로 방에 들어가면 아버지는 "지누, 인자 그라지 마라. 조심해서 놀아야지"라고 하셨고, 그 말이 떨어지기가 무섭게 언제 그랬냐싶게 나는 활기를 되찾아 동생들에게 씨~익 미소를 보냈다.

그러나 개구쟁이들에게 쉴 틈은 없는 법이다. 어느 날은 비가 내렸다. 나는 동무들과 진창이 되어 버린 골목에 구덩이를 파고 온갖 오물을 넣어 슬쩍 덮어 두었다. 그리곤 먼 곳에 숨어서 지나가는 사람들이 구덩이에 빠지는 것을 보며 키득거렸다. 그런데 하필이면 옆집 예쁜 누나가 빠지던 날, 어머니는 용케도 그 사실을 알았고 나는 영락없이 머나먼 유배의 길을 떠나야만 했다.

"야들이 전부 어데 갔노? 그 집 아는 있능기요?"
그 좁은 골목에서 우리는 못하는 놀이가 없었다. 술래잡기나 공놀이는 물론 구슬치기, 딱지치기, 비석치기 심지어 자치기까지도 했다. 그러니 그것들이 날아다니며 유리창이나 장독을 박살내곤 했던 것이다. 그런 우리들이 여름이면 기다리는 것이 있었다. 소독차였다. 우리 골목에는 자전거나 오토바이 뒤에서 뭉게뭉게 연기를 피웠지만 저잣거리 쪽으로 나가면 자동차가 소독을 하고 다녔으니 우리는 그 꽁무니를 쫓아가기에 정신이 없었던 것이다. 장마가 심술을 부리다 잠시 햇살이라도 들면 어김없이 '부~아앙' 하는 소리가 들렸고, 그때면 누가 먼저랄 것도 없이 하던 일 팽개치고 모이기 시작했다. 약속은 하지 않았지만 기계충에 걸려 허옇게 버짐이 핀 까까머리나 상고머리를 한 코흘리개들이 검정 고무신을 신고 모여들었다. 그리고는 고만고만한 것들끼리 그 뭉게구름 속으로 서로 들어가려 밀치기도 하고 다투기도 하며 한바탕 소란을 떨면 그야말로 북새통이 따로 없었다.

그러나 그 소독차가 이웃 마을로 건너가면 이번에는 그 동네 아이들이 우르르 몰려나왔다. 그리곤 자기네 동네에 차가 들어왔으니 우리들더러는 그만 돌아가라고 했다. 그것이 발단이었다. 실랑이를 벌이다가 이윽고 주먹다짐을 했다. 우리 쪽 골목대장인 동수의 코에서 피가 나기 시작했다. 우리가 진 것이다. 그 사이에 소독차는 또 다른 마을로 가 버렸으니 괜히 우리들끼리 구역 다툼을 하고 있었던 것이다. 동수가 한마디 하며 돌아섰다. "니 담에 보자, 가마이 놔뚜나 보자. 야들아, 가자 고마." 우리 동네 아이들도 덩달아 꼬리를 내리고 돌아섰다. 빈정대는 소리를 뒤로 두고 돌아오는 길에 골목대장은 분이 풀리지 않은 듯 씩씩거리며 혼잣말로 중얼댔다. "괘안타. 담에 내 저거들하고 또 붙으마 박살을 내놓을 끼다."

울먹거리며 하는 그 말을 우리는 모두 믿었다. 코피를 흘리던 그 아이는 우리들의 영웅, 골목대장이었으니까 말이다. 북새통이 벌어지는 동안 밤이 깊었다. 골목에는 우리를 찾는 소리가 꽉 찼다. 저녁 먹으라고 부르는 어머니들의 소리였다. "지누야, 지누야, 야들이 전부 어데 갔노? 그 집 아는 있능기요?"

그쯤 해두고 어머니들은 낡은 나무 전봇대에 간신히 매달린 보안등 아래에 놓인 대나무 평상에 앉곤 했다. 수다가 시작된 것이다. 어머니들은 우리가 모두 같이 돌아올 것이라는 것을 이미 알고 있었다. 그러니 따로 찾는 수고를 하지 않은 것이다. 그 옆에는 여자아이들이 고무줄놀이를 하고 있었다. 골목으로 들어선 우리들의 일그러진 대장은 홱, 고무줄을 낚아채서 달아나곤 했다. 어머니들은 "자 봐라, 자가 누고, 점마 저거는……. 고마하고 일로 가 온나, 고마"라며 호통을 치고, 여자아이들은 "누고? 누가 이카노? 동수 아이가. 니 죽는데이. 일로 안 가오나"라며 뒤따라 뛰었다. 조금 전까지 시무룩하던 우리들은 금세 생기를 되찾아 동수와 함께 고삐 풀린 망아지처럼 이리 뛰고 저리 뛰어다녔다. 그러다가 어머니에게 붙잡혀 집으로 돌아갈 때는 그만 엄마 잃은 강아지 꼴이었다. 내일 다시 만날 친구지만 헤어지는 것이 그렇게도 아쉬웠던 것이다.

며칠 후 다시 약 뿌리는 소독차가 와도 우리는 그 차를 따라 이웃 마을로 건너가지 않았다. 그날은 약 뿌리는 차가 그쪽 마을에서 우리 마을로 왔기 때문이다. 건넛마을 아이들은 우리를 보고 쭈뼛거릴 뿐 함부로 건너오지 못했다. 우리는 동수와 함께 잠깐 쑥덕였다. "저것들 오라 카까?" "안 된다. 어제 저거들이 우리 못 오게 했는데. 대장 코피도 났잖아……" 그렇지만 우리들의 영웅, 동수는 하룻밤 사이에 무슨 일이 있었는지 "오라 카자. 같이 놀마 되지. 어제 일은 없었던 걸로 하자 고마"라고 했다. 건넛마을 아이들이 우리 마을로 들어와서는 "어젠 미안하데이……"라고 하면 우리들은 뭉게구름 같았던 소독약 속에서 화해를 하곤 서로 어울려

또 다시 천방지축인 망아지가 되었다. 건넛마을 아이들이 우리 동네로 오자 어른들이 더 반겼다. "아이고, 이기 누꼬, 철수 아이가. 아부지하고 다 잘 계시나? 할무이는 핀코? 니도 인자 마이 컷데이. 니가 우리 동수하고 한 반이가. 공부는 잘하제? 하이고, 저 놈아 저거 큰 거 봐라."

　어른들은 여름밤이면 언제나 골목의 평상에 나와 계셨다. 그러나 그 평상이 낮에는 우리들 차지였다. 김일 아저씨의 박치기를 흉내 내야 했기 때문이다. 평상에 올라 그 흉내를 내고 있으면 지나가던 어른들이 한마디씩 거들었다. "그래 해가 되나, 이래 해야지. 니는 임마 어제 테레비도 안 봤나?" 만화가게 아저씨는 가던 길도 멈추고 코치가 되고, 또 지나가던 엿장수 아저씨는 이쪽 편을 들고, 구멍가게 아저씨, 이발소 아저씨 할 것 없이 우리들이 레슬링을 하는 것을 즐기곤 했던 것이다.

"우린 친구 아이가. 니 혼차 그라마 되나?"
그 평상에 올라서면 누구의 집 할 것 없이 모두 들여다보였다. 아직 블록이나 콘크리트가 흔하지 않던 때라 내가 살던 골목은 판자로 만든 성긴 담이 많았다. 한여름에는 판자의 성긴 틈새로 목욕하는 옆집 누나를 훔쳐보기도 하고, 같이 놀다가 우리 집 장독을 깨뜨린 동수가 어머니에게 혼나는 모습을 보기도 했다. 그러나 블록으로 담을 쌓고 뾰족한 쇠막대가 담 끝에 박혀 있거나 소주병을 아무렇게나 깨뜨려 뾰족한 쪽을 위로 하여 박아 놓은 집 아이하고는 친하지 못했다. 그 집 아이는 간혹 자가용을 타기도 했고 바이올린을 켜며 세라복을 입고 다니는 여자아이였으니까 말이다.

우리는 골목이 떠나가라 소리를 치다가도 그 아이만 지나가면 조용해지곤 했다. 괜히 얼굴이 붉어지기도 했던 것은 말해 무엇 하겠는가. 이윽고 그 아이가 지나가고 나면 모두 한마디씩 했다. 얼굴이 예쁘다, 옷이 멋있다, 뭐 그런 내용들이었다. 그러던 어느 날, 골목대장 동수가 의기양양한 모습으로 우리들 앞에 나타났다. "올 학교서 올 때 내가 전희 책가방 들고 왔다 아이가." 그 아이 이름은 전희였다. 그리고 동수는 그 집 대문에서 기다렸다가 전희가 고운 손으로 들고 나온 노란 물을 마셨다고 으스대는 것이 아닌가. 그 노란 물은 분말을 물에 녹인 파인애플 주스였던 것이다. "참말이가. 맛있더나?" "달달하더라. 니 그런 거 무 봤나? 못 무 봤제." "니 혼차 그기 넘어가더나. 비겁하구로. 니 그라지 마라, 우린 친구 아이가. 니 혼차 그라마 되나?"라며 우리는 동시에 볼멘소리를 했지만 한편 동수가 부럽기도 했다.

그 다음부터 학교에서 돌아오는 길에 동수가 보이지 않으면 동수는 어김없이 전희의 가방을 들어주고 있었다. 우리는 그런 동수를 보며 묘한 질투와 함께 배신감을 느꼈지만 노란 물에 대해서는 입맛을 다시곤 했다.

그토록 정겨웠던 골목길을 떠난 것은 중학교 1학년 때였다. 우리가 서울로 이사를 왔기 때문이다. 서울에도 골목은 있었지만 그곳에는 잘 나가지 않았다. 대구의 골목보다 넓기도 하거니와 무엇보다 놀이 방식이 달랐던 탓이다. 대구에서는 팔자가생이나 십자가생을 많이 했는데 서울은 다방구라는 놀이가 유행이었다. 구슬치기도 대구에서는 다마치기라고 했는데 서울에서는 깔빼기라고 부르며 그 방식이 조금씩 달랐다. 그러나 그것보다도 골목에 나가기 싫었던 진짜 이유는 따로 있었다. 서울내기들이 대구 촌놈이라고 놀리는 것 때문이었다. 사투리를 써 보라며 놀리는 것도 견디기 힘들었고 서울내기들보다 내 얼굴이 더 시커먼 것도 괜히 싫었다.

그때부터 방학만 기다렸다. 그러나 그해 겨울방학에는 대구에 가지 못했다. 다음 해 여름에도 울먹이며 대구에 가고 싶다고 떼를 썼을 뿐 겨울방학이 되어서야 겨우 갈 수 있었다. 신이 나서 달려갔던 골목, 그러나 까닭 모를 어색함이 있었다. 동무들은 그대로였지만 골목은 예전보다 더 좁아져 있었기 때문이었다. 내가 떠날 때만 해도 그렇게 넓기만 하던 골목이 겨우 두 해가 지났을 뿐인데 좁아지다니 그 까닭을 몰랐다. 외갓집에 가서 막내 이모에게 그 이야기를 하자 이모는 깔깔 웃으며 말했다.

"그거는 골목이 좁아진 기 아니고 니가 큰 기다. 임마, 어데 보자. 아이고 야야, 인자 코 밑에 수염도 다 나네. 니 인자 다 컸다." "내가 크마 골목이 좁아지나, 그런 기 어딨노, 아지매는 알지도 못하민서 괜히 그카는 기지"라고 대답해 놓고는 한참 후에야 나는 고개를 끄덕였다. 정말 그랬던 것이다. 골목만 좁아진 것이 아니라 담도 낮아졌고 동무들의 집 대청이나 마당 그리고 방까지 모두 작아져 버렸으니 말이다. 그러나 그것은 내가 자란 만큼 그들이 상대적으로 작아져 보일 뿐이었던 것이다. 그러니 더 이상 골목에서 놀이를 한다는 것은 무리였다. 대신 동무들의 동생들이 그곳을 차지하고 있었다. 우리들이 그랬던 것처럼 그들 또한 골목을 뛰어다니다가 나를 보면 "이기 누꼬, 지누 히야 아이가. 언제 왔노. 서울은 좋나"라며 반색을 하곤 했다. 그러나 내가 골목에서 뛰어놀 때 친척들이 찾아와도 인사만 했을 뿐 정신없이 다시 놀이에 빠져들었던 것처럼 동생들 또한 그랬다. 인사만 했을 뿐 내가 몇 마디 물어보기도 전에 벌써 깔깔거리며 저만치 달려가고 있었으니 말이다.

홍랑의 골목에서 술에 취해 봄을 찾았네

나의 골목은 이렇듯 놀이의 장소로만 기억에 남았지만 선비들에게 골목은 어떤 것이었을까. 호를 영재寧齋로 쓴 조선 후기의 문신 이건창(1852~1898)이 지인인 구한말의 문신 수당修堂 이남규(1855~1907)가 집을 새로 수리하자 기문을 지어 주었다.「수당기修堂記」라는 그 글에 나오는 골목의 정경이 아름답기 그지없다.

> 미나리 골이라고 하는 골목이 서울의 회현방會賢坊과 장흥방長興坊 사이에 끼어 있는데, 그 골목길이 마치 소라껍데기인 양 개미길인 양 빙글빙글 회돌고 꺾어진 것이 좁고 누추하여 거마車馬가 다닐 수 없다. 우리 두 사람은 이런 곳에 우거하고 있다. 그래서 언제든지 서로 찾고 싶기만 하면 문을 열고 나서는데, 옷을 걸치고 미처 옷고름을 매기도 전에 벌써 상대방의 거처에 이르게 되는가 하면, 몇 잔의 술을 데우면서 쪽지를 주어 달려 보내서 부르면 미처 그 술이 다 데워지기도 전에 벌써 입이 활짝 벌어진 웃는 얼굴이 나타나는 것이다.

그러나 나의 골목이 그랬듯이 당시의 골목 또한 비만 오면 질척거리는 진창이 되고 만다. 조선 문학의 4대 문장가로 칭송받는 가난한 선비인 계곡谿谷 장유(1587~1638)가 살던 곳 또한 다르지 않았다. 비만 오면 엉망이 된 골목을 두고 그는 노래한다. "똑똑 떨어지는 낙숫물 소리 / 온종일 쉬지 않고 들려오누나. / 사는 집 비좁고 축축한 데다 / 골목길도 온통 진흙탕일세."

또 "세밑에 하늘 가득 음산한 구름 / 사흘째 빗소리, 그동안 어떻게 지냈는지 / 느닷없는 낙숫물 소리 이따금 놀라 잠이 깨고 / 좁은 골목 진흙탕 길 수레바퀴 푹 빠질 듯 / 이의二儀가 온통 잘못된 건 아닐는지 / 잠깐 새에 귀밑머리 더욱 희끗해졌네"라고 한다. 이의二儀란 하늘과 땅 혹은 태양과 달을 일컫는 것이다. 그곳에 구멍이라도 난 듯 연일 내리는 비를 바라보는 계곡 선생의 근심 중 한 가지는 반드시 진창이 되어버린 골목으로 향하고 있었던 것이다.

그런가 하면 백운거사白雲居士 이규보(1168~1241)와 고려 명종 때 문신인 노봉老峰 김극기 그리고 여말선초의 문신인 양촌陽村 권근(1352~1409)이나 목은牧隱 이색(1328~1396)의 골목에는 나무가 있으며 꽃이 피고 지는 아름다운 곳이기도 했다. 김극기는 「촌가村家」라는 시에서 "푸른 산 끊어진 곳에 두서너 집 / 언덕을 안고 돌아 한 가닥 길이 비껴 있네. / 비 내릴 것 같다며 웅덩이에 개구리가 개굴개굴 / 바람을 점쳐 높은 나무에 까치가 깍깍 / 버들 늘어선 그윽한 골목은 풀 속에 덮여 있고 / 사람도 없는 싸리문은 낙화 속에 가렸네"라고 했으며, 이색은 「기동정奇東亭」이라는 시를 "봄이 깊은 골목에는 지나가는 사람 적은데 / 복숭아꽃 오얏꽃 피었다가 떨어지는 것도 많다"라며 시작하고 있다.

권근은 「대나무를 구하다」라는 시에서 세속에 물든 선비의 고질병을 고치는 데는 대나무만한 것이 없으니 그것을 구해 두어 그루 심으면 누추한 골목조차 빛이 날 것이라고 말했다. 이규보가 본 어느 골목의 남쪽에는 늙은 전나무가 울창하거나, 버드나무에서 지저귀는 새소리를 듣는다. 그러나 이규보가 누구인가. 아름다운 봄날 자신더러 술을 마시지 않게 할 양이면 꽃이라도 피우지 말일이지 왜 꽃을 피워 술을 마시게 만드느냐는 소문난 술꾼이 아니던가. 그러니 그에게는 다른 사람들이 지니지 못한 골목까지 있었으니 바로 기생집이 있는 골목이다. 그날도 지인인 이세화李世華와 함께 술이 거나했던 모양이다. "옥 술잔에 연달아 신선주를 따르고 / 경옥 비녀에 이슬 머금은 봄꽃을 가득 꽂았구나"라고 했으니 그 골목이 있는 마을은 이세화의 집 근처인 자정방紫井坊이었다. 또 머리에 꽃을 꽂은 기생의 이름은 홍랑紅娘이었던 모양이다. 기어이 그는 다음 연에서 말한다. "홍랑의 골목에서 술에 취해 봄을 찾았네"라고 말이다.

그는 또 매음굴을 시찰한 적도 있었는데 『동문선』에 「시사설市肆說」이라는 제목으로 그 글이 남았다. 그 일을 말하기를 "내가 일찍이 서울에 와서 골목에 들어가 보니, 얼굴을 단장하고 매음賣淫을 가르치는 자가 그 고움의 정도에 따라 값을 올리고 내리는데, 버젓이 그런 짓을 하며 조금도 부끄러워하지 않는다. 그것을 계집 시장이라 이르니, 풍속이 아름답지 못한 것을 알겠다"고 했다.

작지만 풍요로운 사회

이처럼 다양한 얼굴을 지닌 골목은 골목이기 전에 길이다. 길은 자연적 공간을 사람들이 살아갈 수 있는 문화 공간으로 만드는 강력한 접착제와 같다. 사람이 집단으로 모여 살기 시작했다는 것은 서로 오가기 시작했다는 것과 같다. 그곳에 길이 있다. 문화라는 것은 사람들이 모여 살 수 있는 자연 조건을 만들어 가는 것부터가 시작이다. 그렇게 터를 잡고 길을 통해 서로가 서로에게 오가기 시작하면서 문화는 더욱 다양한 모습으로 나타나고 무르익어 가는 것이다. 그러니 문화라는 것은 사람과 사람을 이어주는 튼실한 끈이며 그 끈의 시작이 길인 셈이다. 나에게서 너에게로,

너에게서 또 다시 나에게로 이어지며 나에게서 그에게로 이어지는 길은 골목이 가장 최소 단위이다. 그러니 나의 집과 너의 집을 이어주는 것은 골목이고, 이 마을과 저 마을을 나누며 또 이어주는 것은 길인 셈이다.

그것은 길고 짧음이다. 길이 짧을수록 같은 문화를 누리며, 너와 나의 길이 멀수록 서로 다른 문화를 지니게 된다. 소독차를 따라다니던 우리를 이웃 마을 아이들이 선뜻 받아들이지 않은 것은, 짧은 길에 의해 이루어진 동질감이 그보다는 조금 먼 길을 가야만 있는 다른 집단에게 배타성을 보인 것이다. 그러므로 문화는 묶음이다. 골목은 나와 너의 집을 그리고 너와 그의 집을 이어주며 전체를 묶어 마을을 만드니까 말이다. 짧은 골목에 잇대어 사는 사람들끼리 먼저 묶어지고 그들은 그들만의 문화를 지니게 되는 법이다. 그 묶음은 또 다른 묶음들이 지닌 집단의 문화와 타협을 통해 공존을 시도한다. 모든 묶음은 소중한 자기만의 가치를 지니는 법이지만 서로 배타적일 수도 있다. 그럴 때에 싸움이 일어나는 것이다. 그때의 길은 경계로서의 단절을 의미한다. 골목 또한 마찬가지이다. 아무리 가까이 붙어 있는 집이라도 서로가 지켜야 하는 규범에 따르지 않으면 반목이 생기고 그 반목은 서로를 돌아서게 한다. 그렇게 등을 돌리면 아무리 이웃집이라도 그에게로 가는 길은 천리보다도 먼 길이 되고 만다.

우리들이 뛰어놀던 골목에는 언제나 어른들이 나와 계셨다. 그들은 천방지축인 우리들에게 툭하면 "그건 그래 하는 기 아이다"라든지, 혹은 "옳지, 잘한다"고 했으며 또는 "이건 이래 하는 기다", "누가 그래하라 카더노"라는 말을 아끼지 않았다. 무던히도 듣기 싫은 말이었지만 세월이 흐르고 난 후 곰곰 생각해 보니 그것은 모둠살이를 위한 규범이었다. 하지만 그것은 무규범영역(grey area)이기도 했다. 성문법과 같은 것은 아니지만 지켜야 하는 것이었으니까 말이다. 그리고 그 무규범의 영역을 묵시적으로 공유하며 관습으로 소유하는 집단이 마을이었던 셈이다.

　우리들의 골목대장 동수나 이름도 기억나지 않는 이웃 마을의 골목대장도 나름대로의 문화를 소유하고 있었다. 이웃 마을의 골목대장은 여자아이들을 괴롭히지 않았지만 동수는 여자아이들 괴롭히는 것을 즐겼다. 그러다 소독차 때문에 코피 흘리며 치고 박고 난 다음, 어느덧 둘은 친해져 있었지만 여자아이를 괴롭히는 문제를 놓고는 또 의견이 갈렸다. 결국엔 여자아이들을 괴롭히지 않는 쪽으로 결론이 났고, 우리는 옆 마을의 문화를 수용해 더 이상 여자아이들의 고무줄을 끊거나 아이스케키를 하지 않았다.

　이 모두 골목과 길을 통해 이루어진 일이다. 자칫 골목을 한낱 어린 시절 추억의 대상쯤으로 여길 수도 있지만 그곳은 노스탤지어가 가서 기대는 곳만은 아니다. 또한 골목은 가난의 상징이 아니다. 그곳은 작지만 풍요로운 사회이다. 골목에서 뛰어노는 것은 장차 살아갈 사회를 미리 연습하는 것과 마찬가지였던 것이다.

02
대문 이야기

"문 걸어라"와 "문 잠궈라"

"문 걸어라"와 "문 잠궈라"

왜 하필이면 갓머리(宀) 아래에 돼지 '시豕' 자를 덧붙여 집 '가家'라는 문자를 만들었을까. 흔히 집이라는 것은 사람들만 사는 곳이라 알고 있지만 집 '가家'라는 한문을 풀어 보면 반드시 그렇지 만은 않은 것 같다. 이는 돼지와 함께 사람이 살았던 곳이 집이라는 것을 이야기하고 있기 때문이다. 경남 울주에 있는 반구대 암각화에 울타리 그림이 보이고 그 안에 돼지처럼 생긴 짐승이 가두어져 있다. 물론 그 울타리 안에 사람도 같이 살았을 것이지만 그들은 왜 하필 돼지와 같이 살았을까. 이를 알기 위해서는 집의 가장 처음 형태라 할 수 있는 움집을 눈여겨볼 필요가 있다.

움집은 땅의 높이와 엇비슷한 바닥이나 혹은 그보다 낮은 쪽에 주생활 공간을 두었다. 잠자는 바닥이 집 밖의 땅바닥 높이와 다를 비 없거나 낮았다는 것은 집 밖의 동물이 집 안으로 들어오기가 수월했다는 것과 같다. 그 중 사람들이 가장 무서워했던 동물은 뱀이었다. 그래서 그들은 움집의 둘레에 울타리를 치고 그 안에 돼지를 풀어놓았다. 뱀의 천적이 바로 돼지였기 때문이다. 그러니 마치 돼지우리 안에 집이 있는 꼴이 되었지만 뱀으로부터는 안전했으며 그들이 살아가는 모양 그대로가 집을 뜻하는 상형문자로 나타났던 셈이다. 그 후 사람들이 땅바닥보다 높은 곳에 몸을 뉘일 수 있는 마루나 구들과 같은 건축 방법들을 찾아내면서 뱀으로부터 안전하게 되었고 돼지의 필요성은 줄어들게 되었다. 그러자 돼지들을 따로 가두어 기르게 되었고 그 우리는 집의 가장 바깥이라고 할 수 있는 울타리에 붙어 있게 된 것이라고 보는 것이다. 경남 함양이나 제주도에는 아직도 돼지들을 울타리에 잇대어 있는 우리에서 키우는 집이 있는데, 그것이 바로 이러한 흔적이 희미하게나마 남아 있는 모습이다.

제주도에는 그것뿐 아니라 눈여겨봐야 할 것이 또 하나 있다. 바로 정낭이다. 정낭은 통시와 함께 육지에서는 변소를 뜻하는 말이기도 하지만 제주에서는 대문을 뜻한다. 육지의 고샅처럼 큰 거리에서 비껴 들어가며 순하게 휘어 있는 올래라는 긴 골목을 돌아들면 그곳에 집이 있고 집에는 울담이 둘러져 있다. 울담의 한 모퉁이에는 돼지들이 가두어져 있는 돗통담 혹은 통시담이 있고 울담의 양끝이 서로 만나는 곳에 정낭이 있다. 육지와는 달리 대문이 없는 제주의 여염집에는 대개 절집 마당에 있는 괘불대처럼 구멍이 셋이나 뚫린 정주석을 양쪽에 세워 두었다. 그 구멍 사이로 장대 같은 긴 나무를 걸쳐두는데 이를 정주목이라 한다. 하나가 걸쳐져 있을 때에는 집주인이 가까운 곳에 있으며, 두 개가 걸쳐 있으면 그보다 멀리 있어 한참 있다가 돌아오며, 세 개가 모두 걸쳐 있으면 저녁 무렵에야 주인이 돌아오거나 며칠 걸릴 먼 길을 떠났다는 표시이다. 물론 셋 모두 내려져 있으면 집 안에 사람이 있다는 이야기일 것이다.

사뭇 다른 느낌이다. 요즈음 우리가 아는 대문, 아니 현관문이라고 하는 것들은 문을 열기 전에는 아예 사람이 집 안으로 들어오지 못하게 하는 폐쇄성을 지닌 견고한 차단에 이어지는 바깥과의 단절의 의미를 지니지민 제주의 정낭은 그렇지 않다. 단지 사람이 있고 없음을 알리는 것에 더해 풀어놓고 키우는 말과 소가 집 안을 기웃거리는 것을 막아주는 기능을 지닐 뿐인 것이다. 사람 허리춤에 겨우 미치는 높이로 밭에 쌓아 놓은 밭담보다 집에 쌓은 울담이 조금 높긴 하다. 하지만 안이 빤히 들여다 보이는 울담이나 사람이 넘어가려고 마음만 먹으면 너무나 쉽게 넘어 들어갈 수 있는 정낭은 여유 없이 박한 현실사회를 살아가는 우리에게 많은 것을 암시한다.

주거양상이 공동주택으로 바뀌면서 우리는 담을 잃었다. 그러나 담이 사라지면서 잃어버린 것은 그것만이 아니다. 대문과 그에 이어지는 마당의 여유도 잃어버렸다. 현관문이 대문을 대신하고 신발을 벗어 둘 뿐인 손바닥만한 현관이 마당을 대신하고 거실이 마루 노릇을 하고 있다. 자연스레 운신의 폭이 좁아진 것이다.

아직 어릴 적, 한옥이었던 우리 집의 대문은 종일토록 닫힐 줄을 몰랐다. 낮에는 언제나 활짝 열려 있었으며 저녁 늦도록 반쯤이나 열려 있다가 밤이 이슥하여 잠이 들 무렵에야 닫았는데, 지금 와 생각해 보면 그것은 나무로 만든 거북이 모양의 빗장을 질러 놓는 허술하기 짝이 없는 것이었다. 하지만 빗장을 지르거나 벗길 때 혹은 살금살금 여닫을 때도 문설주에서 묘한 소리가 나는 통에 몰래 만화책을 빌려오거나 감춰서 들고 들어오다가는 들통이 나기 일쑤였다. 허술한 만큼 드나드는 기척이 컸던 것이다.

밤이 이슥해지면 어머니는 우리 사내아이들더러 문을 닫고 빗장을 걸고 들어오라고 했는데, 그것을 한꺼번에 "야들아, 누가 대문 걸고 오니라"라고 했다. 그러나 나중에 생각해 보니 어느 날부터 "야들아, 누가 대문 잠그고 온나"라고 바뀌어 있었다. 언제부터였을까. 우리들이 대구를 떠나 서울로 이사를 오고 난 다음부터이다. 단독주택에 살기는 했지만 한옥은 아니었다. 하지만 모양도 같고 크기도 같은 집들이 빼곡하게 줄을 지어 골목을 이루고 있었으니 그만그만한 사람들이 모여 사는 동네였다. 그 탓이었는지 하루가 멀다 하고 이집 저집 도둑을 맞는 통에 대문을 걸기만 하는 것이 아니라 단단하게 잠가야 했던 것이다. 거기에 더해 대구에서는 없던 현관문까지 있었다. 대문을 잠그고 다시 현관문마저 잠그고 나서야 잠이 들 수 있었으니 생활이 달라진 것이다. 그렇게 변화를 겪은 생활이 "문 걸어라"는 표현을 "문 잠궈라"는 것으로 바뀌게 한 것이다. 표현이 달라진 것은 생각이 바뀌었다는 것을 뜻한다. 아마도 그때부터 어머니마저 세상을 바라보는 생각이 조금씩 변화를 겪었던 것이리라.

하늘로 열린 문과 열두 대문

그렇지만 한옥과 같은 가옥구조, 즉 건물로써 공간 배치가 이루어지지 않았던 시절의 주거형태인 움집의 문은 앞서 이야기한 제주도의 그것처럼 개방적인 차단이 아니라 자연 기후로부터 자신이나 가족을 지키려는 폐쇄적 차단의 기능이 더 크게 작용한 형태를 지니고 있었다. 그 후 집이 건물로써 공간 배치가 이루어지면서 문의 필요성은 커졌고 마당과 같은 사회적인 공간에는 개방적 차단을, 방과 같은 사적인 공간에는 폐쇄적 차단의 기능을 지니기 시작했다고 볼 수 있다.

그런가 하면 아주 오래전, 문이라는 것이 처음 나타났을 때는 지금과 달리 옆으로 열리는 것이 아니라 하늘을 향해 열렸다. 움집은 평평한 땅에서 아래로 땅을 파고들어 가서 주거공간을 확보한 것이다. 그 위로 고깔과 같은 모양으로 나무를 얼기설기 세우고 산에 나는 풀을 엮어서 덮은 것을 지붕으로 삼았다. 그러면 그곳에서 밖으로 나오기 위해 계단이 있어야 하고, 문은 옆으로 나 있었던 것이 아니라 하늘을 향해 나 있었다. 우리나라 문에 대한 최초의 기록이라고 볼 수 있는 『삼국지』 「위서」 「동이전」의 「마한조」를 보면 "집은 짚을 덮어 만들었는데 무덤과 같아 보이고 문은 위로 달렸다(居處作草居上屋形如塚其戶在上)"고 했다. 움집은 지금의 지하실과 같은 곳이어서 그곳에서 밖으로 나오려면 요사이처럼 문을 여는 것이 아니라 위로 밀어제치는 형태였다는 것을 알 수 있다.

이런 문을 부르는 우리말이 따로 있었는데 대문은 오래라 했다. 오래는 담과 잇대어 있는 큰문을 뜻하고 지게는 방이나 광, 부엌이나 화장실과 같이 건물 안으로 들어가는 문, 그리고 바라지는 방 안에서 밖을 바라보거나 환기나 채광을 위해 벽에 만든 창문을 일컫는 아름다운 우리말이다. 한옥이라는 우리네 가옥구조가 지니고 있는 문은 이 세 가지 종류가 전부이지 싶다. 바깥에서 집 안으로 들어오기 위해서는 오래를 지나 마당으로 들어서야 할 테고 마당에서 어디론가 들어가야 할 테니 지게를 열어야 하고, 그 안에 앉아 밖을 보거나 환기라도 시켜야 할 일이 생기면 지게를 열어 놓거나 바라지를 통해야 했다.

이를 보면 문은 저 홀로 독립적이지 못하다. 대문은 담과 잇대어 있어야 하고 방문이나 창문, 부엌문이나 광으로 들어가는 문들은 벽에 잇대어 있어야 하니 말이다. 『산림경제』에 보면 대문의 문짝과 양쪽 담의 높이는 언제나 같아야 한다고 했다. 그것 중 왼쪽이 높으면 아내를 바꾸게 되고, 오른쪽이 높으면 고아와 과부가 생긴다고 했으며, 오히려 문짝이 담보다 높으면 눈물을 흘리는 날이 많아진다고 했다. 또 대문 가까이 물이 흐르거나 고이는 것을 극도로 꺼렸는데 그렇게 되면 재산을 모두 잃게 된다고 믿었기 때문이다.

여하튼 집에 문의 종류가 많다는 것은 집 구조에서 공간 분할이 복잡하게 이루어졌다는 것을 의미한다. 열두 대문 집은 아흔아홉 칸 집과 같이 넓고 큰 집을 상징하는 말이다. 누구의 집 안에 솟을대문을 포함해 중문 그리고 옆문과 같은 것들이 열두 개나 있다는 말이니 그 집의 규모가 엄청 났으리라. 그러나 설화나 문학작품에 나타나는 열두 대문 집은 아흔아홉 칸 집과 조금은 다른 뜻으로 쓰인다. 아흔아홉 칸 집은 주인의 권력과 부의 규모만을 이야기하는 경우가 많지만, 열두 대문 집은 무엇인가 깨끗하지 못해 숨어 지내는 부자를 상징하거나 음흉한 사람이 사는 집이라는 뉘앙스를 풍기기 때문이다. 다시 말하지만, 문이 많다는 것은 집 내부의 공간 분할이 많이 이루어졌다는 것이다. 또 그 공간이 또 각각의 문으로 막혀 있다는 것은 온전하게 개방되어 있는 것이 아니라 선뜻 내놓기가 꺼려지는 무엇이 감춰져 있는 것처럼 은밀한 느낌을 주는 것이기 때문이다. 그렇기에 열두 대문 집은, 크다는 것보다는 깊은 의미를 지닌다고 봐야 할 것이다.

하지만 절집의 문은 다르다. 문 많기로 따지면 절집만한 곳도 드물다. 절로 가는 길을 산문에 들어간다고 하고 절집으로 사람들이 들어오지 못하게 하는 것을 산문을 닫는다고 한다. 산문을 들어서면 산길에 덩그러니 서 있는 일주문을 지나고 또 인왕상이 지키고 서 있는 금강문을 지나면 다음에는 사천왕상이 지키고 있는 천왕문 그리고 다시 해탈문이나 불이문을 지나면 사천왕이나 금강역사와 같은 외호신장상을 모시지 않은 안양문이나 자하문을 만난다. 이제야 불국토에 들어가는 것이다. 이윽고 안양문이나 자하문을 지나면 부처가 계신 곳 가까이에 다다르게 된다. 다음에는 갖은 꽃들이 베풀어져 있는 법당의 꽃지게를 열면 그제야 부처가 그윽한 미소로 우리를 맞아 주는 것이다. 그러나 이때의 문은 앞서 이야기한 열두 대문과는 다르다. 이는 신성한 불법을 지키기 위한 호법護法을 상징하는 것이며, 그 많은 문을 지나는 통과의례를 거치며 마음을 다잡으라는 뜻을 지닌 것이라 볼 수 있다.

남녀가 서로 달리 드나들었던 문

어릴 적 집안 식구들 중에서 내가 가장 먼저 일어나는 날은 학교에서 소풍을 가는 날이었을 것이다. 가장 먼저라고는 했지만 그래도 어머니는 나보다 먼저 일어나 있었다. 어느 땐가 어머니와 엇비슷하게 일어났을 때 잠이 덜 깬 눈을 부비며 쳐다보면 어머니는 마당으로 성큼 내려서서는 대문께로 가서 문부터 열어 놓았다. 그리고는 싸리비를 들고 집으로 들어오는 골목길을 말끔하게 쓸고 나서야 부엌으로 들어가곤 했다. 나중에 듣기를 그렇게 해야 집안으로 복이 들어온다는 것이다. 그처럼 서두르는 것은 밤새 생겨난 복이 다른 집으로 들어가기 전에 우리 집으로 들어오게 하기 위함이라고 했다. 다른 집의 문이 먼저 열리면 복이 그곳으로 들어간다는 것이다. 마당보다 대문으로 이어지는 골목길을 먼저 쓰는 것 또한 복이 들어오는 길을 깨끗하게 한 다음에 맞이하려는 것이라 했다.

곰곰 생각해 보면 이는 어른들의 지혜이지 싶다. 새벽같이 일어나 부지런히 움직이게 하려면 무엇인가 모티브가 있어야 하는데 복이라는 것이 바로 그 모티브였던 것이다. 이와 비슷한 것으로 마을 가운데를 가로지르는 개울물에 오줌을 누면 자식을 못 낳는다는 속담이 있었다. 이는 마을의 식수와 허드렛물로 쓰이는 개울물의 수질을 보호하기 위해 짜낸 옛 어른들의 지혜에 다름 아니다. 자식을 못 낳게 된다는 위험을 감수하면서까지 개울물에 방뇨를 할 남정네는 그리 많지 않았을 것이고 상대적으로 물은 깨끗해질 수밖에 없지 않았겠는가. 그러니 새벽에 대문을 빨리 열고 깨끗이 청소를 하면 복을 많이 받는다는 것도 부지런하기를 재촉하는 어른들의 지혜일 수도 있다. 또 그렇게 청소를 하고 나면 반드시 쓰레받기에 쓸어 담아 마당 한쪽에서 태우거나 처리를 할 뿐 문간에 모아 두지는 않았다. 때로 우리 형제들이 청소를 하고는 마지막 처리를 하지 않고 놀 양이면 호통이 떨어지곤 했는데, 그 까닭은 『산림경제』에 나와 있다. 대문께의 쓰레기를 문간에 모아 두면 그 집안사람들이 골수염에 걸린다고 했으니 호통이 떨어질 만도 했던 것이다.

그러면서 어머니는 다른 말씀도 하셨다. 사람이 잠자리에서 일어나면 눈곱 떼고 세수부터 하듯이 집의 얼굴이 대문이기 때문에 대문부터 먼저 열고 대문간부터 쓸어서 깨끗하게 한다는 것이다. 그러니 나보고도 얼른 가서 세수를 하라고 하셨다. 나에게 세수를 시키려 하셨던 말씀인 것처럼 여겨지기도 하지만 나중에 보니 문이 집의 얼굴인 것은 틀림없었다. 사람을 보면 얼굴이 가장 먼저 눈에 띄듯이 집을 보면 먼저 지붕과 문을 보게 된다. 또 사람의 얼굴 생김을 두고 이러쿵저러쿵하듯 어떤 집의 문이나 지붕을 보고 그 집의 품격이나 권위 그리고 집주인의 성품까지도

넌지시 알아차릴 수 있으니 문이 곧 집의 얼굴과 같다고 할 수 있다. 대개 집의 종류와 규모를 이야기할 때 기와지붕이냐 초가지붕이냐를 따지고 평대문이냐 솟을대문이냐를 따지는 것이 그것이다.

우리 집 대문은 그저 널빤지를 세로로 세워서 짠 평범한 것이었지만, 흔히 사립문은 싸리나무로 만든 문이라고 잘못 알고 있는 경우가 허다하다. 하지만 그것은 잘못 알고 있는 것이다. 삽작문이라고 부르기도 하는 이 문은 일반 농가나 여염집의 문으로 가장 많이 사용되었으며 대나무를 가느다랗게 쪼개서 엮어 세우는 것이었다. 그 외에는 나무로 만든 널을 이용해 세우는 문이 대부분이었다. 집 안쪽으로 향하는 부분에 널이 뒤틀리지 않도록 가로로 띠방을 대고 집 밖에서 보면 매끈한 면만 보이도록 했으며, 못을 박은 부분이 흉하게 드러나지 않도록 쇠로 만든 장식을 덧대어 멋을 부리기도 했다. 그렇지만 누구나 다 이런 문을 만들어 달 수 있는 것은 아니었다. 『삼국사기』 권33 「옥사조」에 보면 "육두품은 중문과 사방문을 세우지 못하며 오두품 이하의 일반인은 대문과 사방문을 만들 수 없다"고 되어 있다. 무슨 뜻인가. 이는 가난한 보통 사람들은 문을 달 수 없다는 말이다. 신라사회는 지독한 계급사회였으며 이는 비단 문에 관한 것뿐만 아니라 담 또한 마찬가지였다. 신분에 따라 담의 높이며 그 재료를 달리 했던 것이다.

중국 또한 다를 바 없었다. 중국에도 제주도의 정낭과 같은 문이 있는데 그것을 두고 형문衡門이라 불렀다. 그리고 우리의 사립문과 같은 필문筆門이나 쑥대로 엮은 봉호蓬戶와 같은 문들이 있었는데 이는 돈이 없어 가난한 백성들이 곧잘 만들어 단 문이라고 한다. 그것만이 아니었다. 조선조에는 남자와 여자가 출입하는 문이 따로 있기도 했다. 서울 창덕궁의 연경당에 있는 장양문長陽門과 수인문修仁門이 그 대표적이다. 장양문은 권세 높은 반가의 상징인 솟을대문인가 하면 수인문은 그냥 평대문이다. 장양문은 사랑채로, 수인문은 안채로 들어가는 문이니 장양문은 남자들이 드나드는 문이고, 수인문은 여자들이 드나드는 문이기 때문이다. 당시의 규범이 그랬다 하지만 고약한 일임에 틀림없다. 권세 높은 반가에서는 말이나 사인교 같은 탈것을 타고 문을 드나들기에 문의 높이가 높은 솟을대문을 세웠고 그 문에는 반드시 행랑채가 딸려 있었다. 반면 여염집에서도 세우는 평대문에는 행랑채가 딸리지 않는 대신 헛간이나 뒷간 혹은 외양간과 같은 것들이 붙어 있곤 했다. 그러니 대문께만 지나면서 흘깃 쳐다봐도 그 집의 부나 권세를 한눈에 알아차릴 수 있지 않았겠는가.

안으로 열리는 문과 밖으로 열리는 문

여하튼 솟을대문이거나 평대문 혹은 사립문이거나 간에 대문은 우리네 집에서 아주 많은 이야기를 지니고 있는 것임에 틀림없다. 기억을 되살려 보면 집안에 제사가 있는 날이면 우리 식구들은 그리 멀지 않은 큰집으로 가곤 했다. 큰집에 다다르면 어머니는 부엌으로 가고 남자들은 방에 앉아 칼로 생밤을 쳤다. 꾸벅꾸벅 졸면서 말끔하게 쳐 놓은 생밤을 한 입 베어 먹으려는데 큰아버지가 "지누야, 가서 대문 열어 놓고 오니라" 하신다. 영문도 모른 채 문을 열어 놓고 달려와서는 잠이 널 깨 상머리에 머리를 찧기도 하며 절을 하고는 새벽녘이 되어 집으로 돌아오는 길에 아버지는 궁금증을 풀어 주곤 했다. "인자 가자. 할배들도 다 가셨겠다." 조상 할아버지들이 제사상 받으러 오셨다가 가셨다는 것이다. 문을 열어 놓아야 조상 할아버지들이 와서 당황하지 않을 테니 미리 문을 열어 두었던 셈이다. 그러나 나의 궁금증은 거기에서 멈추지 않았다.

　추운 겨울이 슬슬 꼬리를 감출 무렵이면 아버지는 어김없이 붓과 벼루를 찾았고 신문지에 몇 차례 연습을 하고 나면 화선지에 '입춘대길'이나 '개문만복래'가 멋들어지게 쓰여 있었다. 지금은 아파트에 살고 계신지라 쇠로 만들어진 현관문에다가 붙이지만 '입춘방'이라 부르는 그것의 풍습은 이미 신라 때부터 있어 왔다. 물론 입춘대길과 같은 글귀는 아니었지만 당시에는 처용의 얼굴을 그려 붙이곤 했다.『삼국유사』「처용랑망해사조」에 보면 처용의 너그럽고 아름다운 마음에 감복한 역신疫神이 그의 얼굴을 그려 붙인 집에는 돌림병을 들지 않도록 하겠다는 맹세를 하는 대목이 나온다. 이로부터 처용의 얼굴을 그려 붙이기 시작했고 부적처럼 그림이나 글귀를 그려 붙이는 풍습이 지금까지 이어져 오고 있는 셈이다. 처용의 마음은 너그러웠지만 그의 얼굴은 무시무시했기 때문이다.

　아버지가 입춘대길을 써 붙이고 난 후 눈에 띄게 봄기운이 무르익어 가는 수릿날, 즉 오월 단오가 되면 어머니는 논틀밭틀로 쑥을 뜯으러 나갔다. 물론 따라 나섰음이다. 어머니는 오시가 되도록 기다렸다가 쑥을 뜯곤 했는데 조급증이 난 내가 옆에서 귀찮게 물으면 그날 그 시간에 뜯는 쑥이 가장 약 기운이 좋다고만 대답했다. 나중에 알고 보니 수릿날 오시午時는 일 년 중 가장 양기가 왕성한 시간이다. 그러나 시간 맞추어 뜯은 쑥은 떡을 하거나 국을 끓이는 것이 아니라 다발로 묶여져서 대문 위에 걸어 놓는 것이 아닌가. 이는 지방에 따라 가시가 툭툭 불거진 엄나무를 걸어 놓거나 게의 집게발을 걸어 놓기도 한다. 이는 집으로 들어오는 삿된 것들이 엄나무의 가시에 찔리거나 게의 집게발이 붙잡아 들어오지 못하게 하려는 염원성 행위이다.

    어디 그뿐인가. 동생이 태어나면 할아버지는 왼 새끼를 꼬고 할머니는 거기에다가 붉은 고추며 숯을 매달아 대문간에 척 늘어지게 걸어 놓았던 기억도 있다. 이는 모두 복을 염원하는 것이다. 우리들은 문이 곧 복이 들고 나는 곳이라 여겼던 까닭이다. 옛말에 문이 크고 집이 작으면 헛되게 허비하는 것이 많고, 문이 작고 집이 크면 재산이 늘고 복이 많이 들어온다고 했다. 그래서인지 우리네 문은 안으로 열리는 것이 일반적이다. 문을 밖으로 열면 복이 달아난다는 믿음 때문이었다.

    그러나 요즈음 만들어지는 공동주택의 대문은 대개 밖을 향해 열린다. 이는 서구적 건축양식의 결과이며 사고의 차이에서 나오는 결과이기도 하다. 우리에게 문은 무엇을 맞아들인다는 개념이 강한 반면 서구는 문을 통해 밖으로 나간다는 생각이 강하다. 또 우리는 문을 통해 들어오는 사람들을 맞이하거나 배려하는 편에서 안으로 당겨서 열었지만, 서양 사람들은 자기중심적인 사고에서 밖으로 밀어서 문을 열었던 것이다. 그것은 소극과 적극의 개념을 낳고, 다시 보수적이거나 진취적 혹은 폐쇄적이거나 개방적인 사고를 만들어 주며, 그것이 곧 민족성으로 나타나게 된 것이다. 그렇다고 우리의 모든 문이 안으로 열렸던 것은 아니다. 대문만 그랬을 뿐 광이나 부엌과 같은 곳의 문은 바깥으로 열렸다. 그것은 좁은 공간을 조금이라도 더 넓게 활용하려는 지혜였던 셈이다.

    요즈음은 공동주택 중에서도 원룸이라는 주서형태가 인기를 얻고 있지만 상대적으로 그곳에 들어가 사는 사람들이 외로움을 많이 탄다고 한다. 이는 공간을 지배하지 못하고 공간에 지배당하기 때문이다. 우리네

살림살이에서 주어지지 않던 혼자만의 공간을 다스릴 힘이 없으니 상대적으로 외로워지는 것이다. 그 외로움을 견디지 못해 다시 집으로 들어가는 사람이 있는가 하면 꿋꿋하게 견디는 사람도 있는데, 그들은 과거에 자신이 지니고 있던 사고방식과 조금씩 달라졌음을 고백하곤 한다. 사는 공간이 달라진다는 것은 사고가 달라진다는 것이다. 그렇기에 집이라는 것을 단순히 건축학적 구조물로만 보는 것은 무리이다. 적어도 집은 그 자체로 다분히 철학적이기 때문이다. 집에 관한 한 모든 것이 그렇다. 문짝 하나 다르게 다는 것이 무엇 문제일까 싶기도 하지만 그것은 매우 많은 고민을 하고 결정을 해야 하는 것이다. 기왕에 레디메이드 되어 있다면 할 수 없는 노릇이지만 스스로 집을 지을 수 있는 행운이 따른다면 문이 열리는 방향까지도 고려해 볼 가치가 있을 것이다. 편리함이나 아름다움만 추구한다고 반드시 좋은 집은 아니다.

사립문 밖은 온통 풍진인데

그러나 문은 열리는 것만이 능사는 아니다. 닫는 것 또한 중요한 문제이며 그것은 때로 세상과의 경계를 말하는 것이 되기도 한다. 선비들의 시 속에 나타나는 문의 이미지는 대개 열려 있는 것을 전제로 한다. 그곳으로 땅거미나 달그림자가 비쳐드는가 하면 문은 열려 있는데도 아무도 찾지 않는 쓸쓸함에 대해 노래하기도 한다. 그런가 하면 문을 닫는다는 것은 그저 우리들이 아는 방범을 위한 문단속이 아니라 세상을 향한 마음 단속을 말하는 것이기도 하다. 이는 지금까지 이야기하던 것과는 다른 형이상학적 문이기도 하다.

백운거사 이규보가 「두문杜門」이라는 시를 남겼는데 아주 단단히 문을 닫아걸고 돌아앉았다.

사람 사이의 비방과 의논을 피하려고 / 문 닫고 누웠더니 머리가 덥수룩해졌네. / 처음엔 마음 설레는 봄 처녀 같더니 / 차츰 고요한 여름, 참선하는 중이 되었네. / 애들이 장난으로 옷을 당기니, 어와, 두리둥둥 / 손님 와서 문을 두드려도 들은 둥 만 둥 / 궁통과 영욕은 모두 하늘이 명하는 것 / 메추리 암만 작아도 대붕이 부럽지 않네.

「사립문(柴門)」이라는 시를 남긴 조선 중기의 문신인 상촌象村 신흠(1566~1628)은 택당澤堂 이식(1584~1647), 계곡 장유 그리고 월사月沙 이정구(1564~1635)와 함께 한문 4대가漢文四大家로 꼽혔던 인물이다. 그 또한 문을 닫아걸었다.

사립문을 대낮에 닫아 놓고서 / 현옹 노인 초연히 앉아 있다네. / 인간의 세상 이미 끊어버리고 / 물외의 인연 다시 이루었었지 / 숲 정자 맑은 경치 더 없이 좋고 / 시내 풀 여름에도 곱기만 하다. / 골짜기 새 끝없이 울어대는데 / 이따금 두견새에 절을 올리네.

이처럼 문을 닫고 돌아앉는 것은 스스로 택한 것일 수도 있지만 유배와 같이 타의에 의해 이루어진 것일 수도 있다. 상촌의 그것은 춘천으로 유배를 갔을 때 지은 것이지만, 퇴계退溪와 주고받은 편지로 널리 알려진 조선 중기의 성리학자 고봉高峯 기대승(1527~1572)의 경우는 그와 달랐다. 강가에서 지인들의 송별주를 듬뿍 받아 마신 그가 "고향에 돌아와서 늦은 봄을 지내면서 / 사립문 닫고 사람을 보지 않았노라"고 했다.

다산茶山 정약용(1762~1836) 또한 스스로 세상을 향한 문을 닫는다. 「괴로운 바람(苦風)」이라는 시에서 그가 말하길 "세상 요리하는 자 조정에 따로 있으니 / 사립문 닫고서 들어앉아야겠네"라고 하는가 하면, 지인인 무구无咎 윤규응에게 보인 시에서는 "사립문 밖은 온통 풍진인데 / 늙은이가 무슨 수로 상대할 것인가 / 재앙 피하려면 개미처럼 성을 쌓을까 / 고향 그리워 여우언덕 배우려네"라고 했다. 여우언덕이란 호사수구狐死首丘, 여우가 죽을 때에 고향으로 머리를 돌리고 죽는다는 것을 말하는 것이다. 그러니 다산 자신이 고향으로 돌아가겠다는 표현이다.

이들 모두 세상과 나의 경계에 사립문을 두고 자신의 뜻을 이해하지 못하는 세상과의 결별이나 세상에 대한 결백을 강조하는 것으로 그 문을 닫아건 경우이다. 그렇지만 나에게는 그런 일이 없었으면 좋겠다. 형이하학적인 문을 열어 놓고 살지 못할 것이면 형이상학적인 문이라도 마음껏 열어 두고 싶으니까 말이다. 하지만 그것이 쉽지 않다. 이규보가 말한 대로 사람 사이 일이 어디 쉬운가. 다시 한번 되돌아보며 추슬러야겠다. 나의 문들은 어떤지 말이다.

03
울타리 이야기

울타리는 낮게 치고 담은 높이 쌓는다

"다래 몽둘이를 치고 들어왔다"

누구의 집이라고 했을 때 그 집은 주인의 생각을 담보하고 있듯이 한 나라의 집 또한 마찬가지이다. 외국여행을 하면서 가장 먼저 눈에 띄는 것은 그 나라가 안겨 있는 자연환경이다. 그 다음에 그곳에 사는 사람, 그들이 입는 옷, 머무는 집 그리고 먹는 음식의 순서로 보이는 것이 나만의 특별한 눈은 아닐 것이다.

   사전 정보 없이 자신이 머물던 곳에서 다른 곳으로 여행을 떠났을 때 가장 염려스러운 것은 그곳의 자연환경과 기후이다. 산악지대인지 바닷가인지 아니면 사막인지, 너무 건조하거나 습하지는 않은지 또는 춥지나 덥지는 않을까. 어떤 옷을 챙겨서 가야 할까? 햇볕이 강하거나 바람이 많이 불지는 않을까? 그곳에는 어떤 사람이 살고 있으며 그들은 어떤 옷을 입고 어디에서 잠을 자며 무엇을 먹는지에 대한 궁금증은 현장에 도착해 맞닥뜨릴 때까지 가장 염려스러운 것들이다.

그곳에 사는 사람들이 사는 집과 옷 그리고 음식은 그곳의 기후, 자연적인 조건을 견딜 수 있거나 적절하게 화합을 한 모양으로 나타나기 때문이다. 한반도에 사는 우리들이 배산임수에 남향집을 지어 기후조건을 견디려 한 것과 마찬가지로 다른 나라의 사람들 또한 그들이 처한 자연환경을 견디며 살아남으려 갖은 지혜를 짜냈을 것이다. 그것은 처절하며 치열한 싸움이었을 테고, 그 투쟁의 역사 속에 그들의 문화가 싹트고 정서가 마련되기 시작했다. 그리고 그 지혜와 문화들을 모아 그들이 머무는 집을 지은 것이다. 그러니 한층 더 넓은 뜻에서 집이라는 것은 그 민족의 사상적 배경과 정서적 배경이 밑바탕이 된 생활문화의 모든 것이 모여 있는 것이나 다름없다. 그러기에 집이라는 것은 그 민족, 그 나라의 가장 고유한 문화를 엿볼 수 있는 가장 으뜸가는 것이기도 하다.

우리들이라고 다를 바가 없다. 십여 년 전, 경상북도 북부 지방을 헤매고 다니며 마을의 노인들에게 이 마을이 언제부터 생겼고 가장 먼저 마을에 입향한 시조는 누구인가를 조사했던 적이 있다. 그런데 토박이 노인들의 대답은 한결같았다. "다래 몽둘이를 치고 들어왔다"는 것이다. 처음에는 말뜻을 몰라 고생했지만 알고 보니 "무성한 다래 넝쿨을 헤치고 들어왔다"는 뜻이다. 이는 다래 넝쿨이 무성하여 아무도 살지 않는 원시적인 자연의 터를 사람들이 살기 위해 처음으로 반듯하게 닦았다는 말이다. 다래 넝쿨이 무성하니 바닷가나 강가가 아닌 산기슭이다. 아마도 해가 잘 드는 남향에 앞으로 펼쳐진 들이 넓으며 개울에는 물이 흐르고 뒤로는 차디찬 바람을 막아주며 땔나무나 먹을거리를 나누어주던 산이 있었을 것이다. 그렇게 터가 마련되고 나면 옹기종기 집들이 지어졌다. 산에 지천으로 널려 있던 나무를 베고, 발 앞에 펼쳐진 들에서 흙을 퍼 와

물을 부어 개고, 강가에서 돌을 주어 오면 집을 지을 모든 준비가 끝난 것이다.

　바람이 불어오는 방향과 해가 드는 곳을 가늠해 잡은 자리에 집은 지어졌을 테고 그것들이 모여 마을을 이루었다. 초기의 마을은 서로 피를 나눈 사람끼리의 모둠살이였다. 모두 일가붙이들에 다름 아니었던 것이다. 그러니 그들 사이에는 높은 울타리가 필요치 않았다. 그러나 그들의 부락과 멀리 떨어져 있는 타성바지들이 모여 사는 부락과의 마찰 때문에 마을 단위의 울타리를 쌓을 필요가 생기게 되었다. 부락과 부락이 서로 울타리를 쌓고 그 안에서 서로를 보호하며 집단을 이루고 살았던 것이다. 울타리는 그렇게 시작되었고 그것이 지금껏 우리들의 정서적 바탕이 되는 '한울타리'나 '한솥밥'과 같은 것들을 낳은 것이다.

벽이 있을 뿐 울타리가 없다

그렇다면 울타리는 공간과 공간에 대한 영역을 구분하는 것임과 동시에 공간에서의 이탈과 공간으로의 침입을 막아주는 기능적 요소를 함께 지니고 있다. 그러나 울타리는 그것의 기능적인 면 못지않게 심리적이거나 정신적인 면이 강조되는 구조물이다. 한울타리에 산다는 것은 같은 문화적 배경과 사상적 배경을 지닌다는 것과 같다. 울타리는 비록 허술한 듯 성길지라도 그 안에 모여 사는 사람들의 정신적 결속은 매우 견고하며 치밀히여 단단하게 보여지기 때문이다.

　이런 울타리를 우리들이 처음으로 가졌던 것은 선사시대였다. 경남 울주의 반구대의 바위에 새겨진 암각화에서 그것을 찾아볼 수 있으며 그곳에 그려진 울타리가 가장 오래된 표현이다. 그 다음은 아직 부족국가 시대인 삼한시대의 도자기에 그려져 있는 그림이다. 이는 소도蘇塗와 같은 신성한 지역에 세워진 것으로 신성한 공간에 대한 영역의 구분이었으며 이는 책柵에 가까운 것이다. 책은 한문을 풀어 봐도 알 수 있듯이 나무를 세워서 서로를 엮어 놓은 것으로 지금으로 보면 울타리와 같은 것이지만 그 재료가 우리가 알고 있는 울타리보다는 좀더 굵고 긴 것이다. 울주의 암각화는 돼지와 같은 짐승을 울타리 안에 가두어 넣은 것이다. 이로 보면 울타리의 시작은 인간이 수렵생활을 그만두고 한 곳에 정착하여 살기 시작한 농경사회로부터 그 존재가 시작되었을 것이라 짐작할 수 있다.

그러나 요즈음은 어떤가. 우리들에게 울타리의 개념은 슬그머니 사라져 버렸다고 해도 지나치지 않을 듯하다. 그것의 자리를 울타리보다는 조금 더 높고 견고한 개념으로 사용되는 담이라는 것이 차지하더니 그것마저도 어디론가 가 버렸다. 본디 집이라는 것은 고집불통인 옆집 할아버지처럼 완고하기 이를 데 없는 것이다. 그것은 그 땅에 살아가는 사람들의 번뜩이는 지혜로움이 고스란히 배어 있는 것이기에 결코 쉽게 변하는 법이 없다. 집이라는 것이 사람이 살아서 머무는 곳이라면 무덤이라는 것은 사람이 죽어서 사는 집, 곧 유택幽宅이다. 인류학적인 조사를 살펴보면 각 민족들이 지닌 고유한 문화들 가운데 가장 변하지 않는 것 중 으뜸이 죽어서 거주하는 주거공간을 마련하는 장례문화이다.

고유한 민족문화에 다른 외래문화가 침입을 시작하면 겉에서부터 조금씩 바뀌어 가게 마련이다. 가장 먼저 옷이 바뀌고 다음이 주거공간이며 마지막으로 음식이 바뀌게 된다. 근대에 들어 급격한 변화를 겪은 경성의 풍경들을 살펴보면 개화의 상징으로 회자되는 모던 보이와 모던 걸은 상투를 자르고 양복이나 양장을 입은 사람들이었다. 그리고 행세 꽤 나 하는 사람들은 양옥이나 일본식으로 지은 집에서 살았지만 그렇다고 그들이 서양음식이나 일식만을 먹지는 않았다. 당시를 살아가던 보통 사람들의 관심을 모으는 것 또한 모던 보이나 모던 걸들이었으며 새로운 양식의 집 구경이 으뜸이었다. 당시 잡지들을 들춰 보면 경성 시내에 새로운 양옥이 들어서면 그것을 구경하느라 법석을 치르는 광경들이 숱하게 나타난다. 또 모던 보이나 모던 걸들에 대해 곱지 않은 시선의 글을 제법 발견할 수 있는 것은 그들의 모습이 기존의 모습과 너무도 달랐기 때문이다. 기존의 모습이란 서로 공유하고 있는 문화의 표현이며, 다른 모습이란 새로운 문화를 받아들인 모습인 셈이다.

 그 이후 산업화 길을 걸으며 경제개발 5개년 계획이 절정에 달하고 새마을운동이 기치를 드높일 때 아파트라는 것이 등장했다. 우리들의 주거문화가 급격하게 달라지기 시작한 것은 그때부터였다. 초가지붕은 가차없이 사라져야 했으며 그 자리엔 슬레이트가 대신 올라갔다. 그리고 비대한 발전을 시작한 서울로 인구가 집중되자 드디어 서울에 아파트가 생기게 된 것이다. 그때 처음으로 울타리가 사라졌다. 하지만 그 속도는 건잡을 수 없이 빨라 어느새 우리들에게는 벽만 남았다. 예전에는 옆집 감나무에 주렁주렁 달린 잘 익은 홍시가 우리 집 마당으로 넘어오는 일도 있었지만 이젠 감나무도 혹은 그것이 넘어올 울타리마저도 없어져 버린 것이다.

 주거양상이 단독주택에서 아파트로 대변되는 공동주택으로 바뀌고 난 후 어느덧 담은 잃어버리고 벽만 지닌 채 살게 된 것이다. 이는 현대화의 과정이 심화될수록 주거공간뿐 아니라 사람 사이에도 벽이 존재할 뿐 더 이상 담, 즉 울타리가 존재하지 않는다는 말과 같다. 담은 울타리와 같은 뜻으로 공간을 구분 짓기는 하되 벽처럼 폐쇄성을 지닌 단절로서의 구분이 아닌 개방성으로서의 안과 밖, 너와 나의 경계를 나타내던 것이었다.

싸리울이니 바자울이니 할 때의 '울'은 『훈민정음 해례』에 '울위리爲籬'로 표기되고 그 이전인 『두시언해』 권 7의 30이나 권 15의 17에 '울흔'이나 '울히'로 나타나기도 했던 말이다. 지금 사용하고 있는 같은 무리를 뜻하는 '우리'나 담을 뜻하는 '울타리'와 같은 말들이 모두 '울'에서 파생되어 나온 것이라고 봐도 틀리지 않는다. 우리라는 것은 너와 나의 구분이 먼저 이루어지고 나서야 비로소 가능한 것이라고 본다면 '울'이 하는 역할과 그것이 지니는 개방성에 주목할 필요가 있는 것이다. 나와 너에게서 우주라는 거대 단위가 형성되기 시작하는 것이니 말이다. 그러니 울타리는 열린 듯 보이지만 닫혀 있고, 닫힌 듯 보이지만 열려 있는 무엇이다.

반면 벽은 어떤가. 담이 외부공간을 개방적으로 구분하는 역할을 한다고 보면 벽은 내부공간을 나누는 역할을 했다. 서로 공간을 구분하는 점에서는 같은 역할을 했을 테지만 심리적으로 벽은 아주 견고한 폐쇄성을 전제로 한다. 이는 흔히 우리들이 일컫는 '분단의 장벽'이라는 말에서 쉽게 알아차릴 수 있다. 실제로는 견고하며 긴 벽이 없는데도 그 말을 쓰는 것은, 아주 단단하여 꽉 막혀 있는 답답한 심리적인 폐쇄성을 고스란히 나타내고자 하는 까닭에서일 것이다.

한울타리에 묶이는 우리와 묶이지 않는 서양

사람들은 그렇듯 벽이 지니는 폐쇄성을 극복하려 창이라는 것을 만들었다. 가만 생각해 본다. 울타리에 창이 있었던가. 물론 경주 안강의 회재晦齋 이언적(1491~1553)이 머물던 독락당獨樂堂과 같은 집에는 담에 살창을 만드는 여유를 부리기도 했지만 이는 나라 안에서 한두 곳밖에 보지 못하는 특별한 경우이다. 울타리에는 개구멍과 하수가 빠져나가는 수챗구멍이 나 있는 것이 틈의 전부이다. 울타리는 허술한 듯 보이지만 밖에서 울타리의 틈으로 안이 쉽게 보이지 않게 촘촘히 엮었으며 사람을 위한 틈은 대문 외에는 두지 않는 것이 원칙이었다. 그렇지만 벽에는 창을 두었다. 그것도 갖가지 모양의 멋을 부리며 기능을 요구하며 말이다. 그것은 벽이 지니는 폐쇄적인 답답함에서 벗어나려는 심리적인 표현이자 건축학적으로는 환기와 조명의 역할을 감당하려 했던 것이다.

본디부터 벽이 폐쇄적일 수밖에 없는 것은 집이라는 구조물 중에 가장 사적인 공간인 방을 만들어 주는 역할을 하기 때문이다. 우리 옛집은 대개 집의 구성원들이 잠을 자는 사적인 공간과 많은 사람이 드나드는 사랑채나 마당 그리고 대청 같은 사회적 공간으로 구분되었다. 사회적 공간은 개방성을 지닌 구조로, 사적인 공간은 폐쇄성을 지닌 구조로 되어 있다. 여름이면 온 식구 다 나와서 시원함을 즐기던 대청은 사회적 공간이긴 하지만 집 안으로 가장 깊숙이 들어와 있는 공간이기도 하다. 그래서 앞은 트여 있고 뒤는 막혀 있는 것이 일반적이지만 뒤는 언제나 문으로 되어 있어 개방될 준비를 하고 있는 사회적이자 동시에 사적인 공간이었던 셈이다.

서양과 우리를 견주어 보면 서양에는 울타리만 있고 담은 없는 경우가 많다. 그들은 벽돌이라는 탁월한 건축 자재를 가지고 있었음에도 담을 쌓지는 않았다. 그들은 그것으로 벽을 쌓았던 것이다. 그것은 중국의 경우와는 다르다. 중국 사람을 두고 속을 모를 정도로 꿍꿍이가 많다고들 한다. 이는 바로 높은 담과 육중한 지붕의 처마 끝이 담과 맞닿을 정도로 내려온 집에서 살기 때문이다. 우리는 중국의 담을 두고 따로 담벼락이라고 부른다. 이는 담이 곧 벽과 같이 높다는 말이다. 십여 년 전, 중국의 북경에서 열흘 정도를 머물며 자금성을 보며 참 담이 높다는 생각을 했던 적이 있다.

그 후 북경에서만 볼 수 있다는 호동胡同을 헤매고 다닌 적이 있다. 호동은 '좁은 거리'라는 뜻으로 우리네 골목길과 같은 것이다. 가장 기억에 남는 호동은 울바자지구의 전시호동錢市胡同이었는데 그 너비가 겨우 70센티미터나 될까 싶었다. 열흘 내내 그 길을 걸으며 문득 깨달은 것은 호동의 양쪽에는 담이 없고 벽과 문만 있다는 것이다. 좁은 골목을 이루고 있는 것은 담이 아니라 벽이었고 그곳에 나 있는 문을 열고 들어가면 중국의 전통 주거형태 중 하나인 사합원四合院이 있다.

간혹 중국의 무협영화에서 볼 수 있는 사합원은 서양의 공동주택인 아파트와 같은 공동주거형태를 한 것이다. 그들이 이렇듯 층층이 높은 건물을 지을 수 있었던 것은 그들도 서양과 같이 벽돌이라는 건축 자재를 지녔기 때문이다. 그들은 사합원처럼 벽을 쌓아 공동주택을 지었는가 하면 담도 벽처럼 높게 쌓았지만 서양과 우리는 그렇지 않았다. 서양의 울타리와 우리의 울타리는 엇비슷한 높이를 지닌 것이었다. 하지만 그 의미에서는 크게 다르다.

곰곰 생각해 본다. 서양과 우리, 혹은 울타리와 담의 차이가 무엇인지 말이다. 까치발을 들면 안이 빤히 들여다보이는 울타리와 보이지 않는 담의 차이는 개방성의 차이다. 울타리는 넘어 들어가기가 쉬우나 담은 그렇시 못하다. 울타리를 넘어 들이기기 쉬운 서양의 집은 대단히 개방적인 듯 보이지만 훌쩍 들어가 보면 내부 공간은 겉과는 달리 벽으로 칸칸이 나누어진 공간으로 구성되어 있다. 그것은 물리적이거나 심리적이거나를 가리지 않고 개인들의 영역을 단단하게 보장하고 있는 것이다. 그러나 우리는 어떤가. 낮은 울타리를 넘어 그 안으로 들어가고 보면 서양과는 달리 개인이 존재하기보다는 가족이라는 큰 단위로 묶어지기 일쑤이다. 그러니 곧 서양과 우리의 차이는 똑같이 낮은 울타리를 지녔으되 그들은 한울타리에 묶이지 않고 우리는 한울타리에 묶인다는 것이며, 그것이 곧 서양의 개인주의나 우리의 두레와 같은 것으로 서로 다르게 나타난 것이다.

개방적인 가옥구조에 살던 이들과 폐쇄적인 가옥구조 속에 머무는 이들이 어찌 같을 수가 있겠는가. 담이 있는 곳에 사는 사람들과 벽만 있는 곳에 사는 사람들은 서로가 조금씩 다를 수밖에 없다. 그 사고의 차이가 어쩌면 동양과 서양을 구분했고 옛날과 지금을 구분하는지도 모를 일이다. 어느 것이 좋고 또 나쁘기야 하겠냐마는 집이라는 유형에는 눈에 보이지 않는 무형의 정신적 바탕을 포함하고 있으며 동시에 역사적·정서적 고려가 깔려 있는 무형의 집합이 밖으로 드러난 구조물인 것이다. 그 중 울타리는 건축학적으로는 집에 없어서 안 되는 것이긴 하지만 그것이 우리에게 물리적인 요소보다 심리적·정신적 요소로 더욱 강하게 다가오는 것이다.

관음과 도청의 욕구

어릴 적 그나마 도시였던 우리 집에는 담이 있었지만 외갓집에는 담 대신 울타리가 있었다. 우리 집에는 여러 가지의 담이 뒤섞여 있었다. 어느 쪽은 판자를 세워 놓은 성긴 판장담이었으며 판자의 두께는 1센티미터 가량이나 되었던 것 같고 넓이는 한 뼘이나 되었지 싶다. 어른들이 까치발을 해도 안이 잘 들여다보이지 않을 만큼의 높이를 지닌 그것은 앞집과의 경계였으며 옆집과의 경계는 그보다 조금 더 높은 블록을 쌓아 올린 담이었다. 그 끝에는 철조망이 감겨 있었고 깨진 유리병이 숭숭 꽂혀 있는, 경계라고 하기보다는 침입을 방지하는 목적이 뚜렷한 그런 담이었다. 그러나 외갓집에는 탱자나무가 마당 바깥에서 자랄 뿐이었다. 도시처럼 집이 다닥다닥 붙어 있지 않으니 우리 집처럼 앞집이나 옆집과의 경계를 지을 필요조차 없었던 까닭이다. 가을이면 노란 탱자가 달리던 가시 숭숭한 울타리는 집뿐 아니라 그 넓었던 사과나무 과수원 바깥으로도 있었다. 과수원 한쪽에 있던 텃밭에는 버드나무 가지를 잘라 내 무릎에조차 미치지 않는 낮은 키로 둘러놓은 울타리가 있었으며 나무로 얼기설기 짠 허튼 문이 달려 있었다.

   초등학교 4학년이나 되었을까. 방학을 하면 곧장 외갓집으로 달려가 시간을 보내던 어느 여름날은 일찍 집으로 돌아오기도 했다. 날마다 흥미진진한 일이 벌어지는 외갓집과는 달리 무료하기 짝이 없는 도시의 집에서는 별반 흥미로운 일이 있을 턱이 없었다. 그러던 어느 날, 아무도 없는 집에서 홀로 뒹굴뒹굴하던 내 귀가 쫑긋 곤두섰다. 앞집에 누가 찾아왔지만 누나가 목욕을 하느라 문을 열지 못하니 조금 있다가 오라는 소리가 들렸기 때문이었다. 나는 까치발을 하고 살금살금 꽃밭으로 다가가

판자에 뚫린 옹이구멍을 찾아 눈을 들이대곤 헐떡거리는 가슴을 달래느라 숨도 제대로 쉬지 못한 채 웅크리고 있었다. 우리 집 마루는 앞에 드리운 나팔꽃 넝쿨이 가려 주고 앞집 마루의 뒷문은 발이 드리워져 있었지만 어찌 그것이 소년의 호기심을 막을 수 있었겠는가. 숨을 죽이고 구멍으로 들이 댄 눈을 껌벅거리지도 않은 채 기다리기를 얼마 만이었을까. 드디어 누나가 부엌에서 나와 마루로 올라왔다. 그것이 처음이었다. 수건으로 몸을 가리기는 했지만 알몸이나 다름없는 여자의 몸을 본 것이 말이다. 마루에서 마지막 물기를 닦아내던 누나는 고등학생이었다.

  문제는 그 다음부터였다. 골목길에서 누나를 만나면 오히려 내 얼굴이 붉어졌으며 말을 걸기는커녕 누나가 말을 걸기라도 하는 날이면 무조건 모른다며 줄행랑을 놓곤 했으니 말이다. 그러면서도 집에 아무도 없는 날이면 나의 관심은 온통 담으로 쏠려 있었다. 하지만 다음 해 봄, 고등학교를 졸업한 누나가 대학을 간다며 서울로 떠나 버렸으니 옹이구멍의 탐닉은 한 차례로 그치고 말았다. 그렇듯 담은 서로를 구분 지으며 막아 놓기는 했을지언정 때때로 에로틱한 장면들까지도 여과되지 않은 채 넘나들기도 했던 것이다. 그러나 요즈음의 에로틱함은 그렇지 못하다. 그것은 철저하게 벽 안에 갇혀 은밀하며 폐쇄적인 상징이 되어 버렸으니 그것 또한 담을 지니지 못한 채 벽만 지닌 우리들의 모습이다. 그 벽이 견고하면 할수록 성은 조금씩 삐뚤어지고 다른 사람들의 생활이 절로 보여지지 않고 또 보지 못하는 만큼 관음觀淫과 도청盜聽의 욕구가 일어나고 더불어 부패하게 마련인 것이다.

  누나가 서울로 떠나고 난 다음, 그 담으로는 떡이나 과일을 담은 바구니나 쟁반이 오가기도 했다. 우리들이 마당에서 노는 소리가 그 집 마루에서는 숨김없이 들렸을 테니 마침 우리에게 무엇이라도 나누어주거나 빌릴 것이라도 있으면 멀리 대문을 돌아오는 것이 아니라 그곳에서 대뜸 건네거나 돌려받곤 했던 것이다. 앞집 아저씨가 화를 내는 소리나 받아쓰기 시험을 망친 동무가 혼이 나며 울먹이는 소리 또한 우리 집 마당으로 흘러들었다. 그 집에서도 우리 집의 자질구레한 소리며 음식을 만드는 냄새가 들이닥쳤을 테니 도무지 옆집의 동태를 알 수 없는 요즈음과는 너무도 달랐던 셈이다. 무턱대고 그것만이 좋은 것은 아니지만 그렇다고 나쁜 것 또한 아니다. 그러나 지금보다는 예전이 더 건강했다는 것은 부인할 수 없지 싶다. 서로를 막아 놓기는 했지만 그곳으로는 서로 세상 사는 냄새가 가릴 것 없이 넘나들었던 때문이다. 그것은 개방성이다. 시오노 나나미가 『로마인 이야기』에서 로마가 지닌 가장 큰 저력으로 꼽았던 그 개방성 말이다. 그리고 개방성을 지닌다는 것은 동시에 투명함을 지닌다는 것과도 같은 것이다. 그것이 문화를 살찌우고 건강한 사회를 만들어 국가적 경쟁력을 지니게 한 것이니 가정이라고 무엇이 다르겠는가.

울타리는 치고, 담은 쌓는다

어쨌거나 집을 지을 때에 가장 나중에 하는 일은 대문을 다는 일이며 그 바로 전에 하는 일은 담을 쌓는 일이다. 집을 지을 때 필요한 자재가 쉽게 드나들어야 하는데 담이 있고 대문이 달려 있으면 번거롭기 짝이 없을 것이기 때문이다. 그러나 옛 사람들은 인위적인 울타리를 만들기보다 나무를 심어 만드는 일도 많았다. 다산 정약용이 전라남도 강진에서 유배

생활을 할 때 집을 한 채 지었던 모양이다. 그리고는 대나무를 심었는데 그날은 5월 1일 이었으며 「대나무를 심고(種竹)」라는 글을 남겼다.

새 삶터 꽤 맘에 들게 / 초목이 둘러 있어 푸르네. / 하나 안 된 것은 담장 안에 / 대나무가 전혀 없는 것이었네 / 남새밭을 몇 발쯤 떼 내어 / 터가 줄어든 것 아예 걱정도 않고 / 물 주고 북 주고도 손수 해야지 / 객지에 심부름할 동자도 없으니 / 쓸쓸하게 서너 너덧 그루지만 / 마음과 눈 맑히기에 족하다네. / 이렇게 아마 몇 해가 가고 나면 / 대나무가 눈앞에 가득 보이리. / 부슬부슬 하룻밤 내린 비에 / 죽순이 대여섯 개나 돋았으니 / 두고두고 보자던 본뜻과는 달리 / 효과가 그렇게 빠를 줄이야 / 잘 가꾸어 울타리가 되도록 / 녹용을 키우듯이 키워야겠네. / 이웃에선 날 어리석다 비웃으며 / 산골짝 천지가 왕대라고 하네.

다산의 글 솜씨야 소문난 것이지만 대나무를 녹용 키우듯이 가꾸어 울타리가 되도록 하겠다니 대단한 비유이다. 강진은 남쪽이니 대나무가 흔했을 것이다. 굳이 다른 나무를 잘라 울을 세우거나 흙이나 돌로 담을 쌓기보다 대나무를 심어 자연적으로 울타리가 되게 하여 생울로 삼았던 것이다. 이렇듯 우리의 울타리는 다양한 모습으로 만들어졌으며, 울타리는 보통 친다고 하고 담은 대개 쌓는다고 했다.

그 종류들을 알아보면 다음과 같다. 울이라는 말이 들어가는 바자울이니 싸리울이니 하는 것들의 재료는 산에서 잘라 온 가는 굵기의 나무들이다. 그것들은 포개어 쌓아 올리는 것이 아니라 그냥 툭 하고 세워서 넘어지지 않게 옆으로 서로 엮으면 되는 것이다. 그래서 친다고 하고, 담이라는 말이 들어가는 것들은 나무를 사용하기보다는 돌이나 흙을 사용한 경우가 대부분이었다. 말 그대로 쌓아 올려야 하는 재료들이었던 셈이다. 또 남쪽 지방에는 생울이라는 것이 있어 이것 또한 친다고 했는데 그것은 아예 나무를 촘촘히 심어 경계를 짓는 것이었다. 주로 가시가 있는 탱자나무나 산리홍山裏紅이라고도 불리던 산사나무가 사용되었다. 탱자나무는 그 가시로 인해 지금의 철조망을 대신 했으며 생울을 치는 것으로는 으뜸이었다. 탱자나무는 군사적 목적으로 쓰이기도 했으며 아직 그 흔적이 남아 있다. 충남 서산의 해미읍성이 그렇고 강화도의 갑곶돈대와 같은 곳이 그것이다. 주로 생울을 사용하는 곳들은 바자울이나 싸리울을 치기 힘든 과수원 같은 넓은 지역이었지만 민가에서 치기도 했다. 나무가 흔한 지역에서는 아예 굵은 아름드리나무들을 잘라다 세우거나 심는 경우들이 있었는데, 이것들은 울이라 하지 않고 책柵이라고 했다.

하지만 이는 살림집에서는 보기 힘든 것이었다. 대개는 대나무나 싸리, 수수깡 또는 왕골이나 억새 따위들을 엮어 세우거나 또는 기둥을 세우고 옆으로 다시 기둥과 기둥을 이어주는 수장목을 가로질러 그것에 의지해 새끼나 칡 따위로 묶어 울타리를 쳤다. 옛 사람들은 이것을 바조나 바래로 부르기도 했고 울타리라고도 불렀다. 그곳에 매다는 대문은 사립문 또는 사립짝이라고 했는데 울타리와 같은 재료가 쓰이기도 하고, 왕골로 울을 치고는 싸리나무로 문을 달기도 하고 그 반대이기도 했다. 그렇게 싸리나 대나무 따위로 문을 만드는 일을 따로 '문을 겨른다'고 했다. 그런데 이때의 문은 지금의 대문과는 너무니 달라 외부로부터의 침입을 방어하는 역할이 아니라 제주도의 정낭목처럼 집에 사람이 있고 없음을 알리는 기능이 더욱 컸다고 할 수 있다.

가장 흔하게 보는 담으로는 따로 인공의 손길이 더해지지 않은 채 자연 속에 방치되어 있는 그대로의 돌을 가져다 쌓아 올린 돌담이 있다. 강담이라 하기도 하고 돌각담이라 하기도 하는데 돌담 하면 떠오르는 곳이 제주도다. 제주의 돌담은 호를 지포止浦라 쓰는 김구(1211~1278)라는 이로부터 시작되었다고 한다. 고려 고종 19년에 그가 제주 판관으로 근무할 때의 일이다. 서로의 경계가 없어 이웃간의 다툼이 잦고 우마의 침입으로 피해가 많아 이를 방지하기 위해 제주에 흔하디흔한 돌로 담을 쌓게 했다는 것이다. 그것 또한 경계가 목적이었기에 높을 필요가 없이 어른 무릎 정도로 나지막이 자리 잡은 것이다. 제주에 가면 오름이라고 하는 야트막한 기생화산들을 많이 볼 수 있는데, 그곳에서 우마들이 방목되고 있는 정경은 육지와는 사뭇 다른 모습으로 우리에게 다가온다. 그 정겨운 모습을 바라보고 있으면 오름의 중간 중간에 무덤들이 보이는데, 그 무덤들은 육지와는 다르게 돌담으로 둘러싸여 있다. 이 또한 방목되는 우마들의 침입으로 무덤이 훼손되는 것을 막기 위함이었다. 이렇게 무덤에 치는 담을 제주 사람들은 따로 산담이라고 불렀다.

다음으로 우리가 흔히 볼 수 있는 흙담과 맞담을 들 수 있다. 먼저 흙담은 다시 판벽담과 흙벽돌담으로 나뉜다. 흙벽돌담은 마치 우리가 보는 메주처럼 흙을 잘 반죽해 일정한 크기로 만들어 쌓아 올린 담이다. 이때 사용하는 흙은 참흙이 좋다. 요즘은 콘크리트를 반죽해 집을 짓기 때문에 모래가 건축의 주재료로 쓰이지만 예전에는 흙의 힘만으로 견고성을 유지해야 했기에 점성이 강한 흙을 사용했던 것이다. 참흙에 물을 더해 반죽을 하고 거기에 소여물 썰 듯이 잘게 썬 짚을 넣기도 했는데 이는 흙이 서로 잘 엉겨 붙게 하기 위함이었다. 반죽이 끝나면 집주인의 심성에

따라 사각형이나 또는 호박처럼 둥근 모양들로 만들어 한 켜를 쌓은 후 흙물을 뿌리고 그 위로 다시 한 켜를 쌓아 올리는 방식으로 흙벽돌담을 쌓았다. 또 판벽담이라고 부르는 것은 마치 지금의 옹벽을 치듯 거푸집을 사용해 담을 쌓아 올리는 것으로 안동의 하회 마을에 잘 남아 있다. 담을 칠 곳에 거푸집을 만들고 흙을 잘 반죽해 일정량을 붓고는 절구와 같은 것으로 다진 후 굳기를 기다렸다가 또 한 켜를 부어 다지기를 반복해 만드는 것으로 이를 쌓는 법은 『산림경제』에 상세하게 나와 있다.

맞담이라는 것은 흙과 돌 또는 기와조각들을 섞어 쌓아 올리는 담이다. 돌이나 기와를 한 켜 깔고 그 위로 흙을 한 켜 쌓고 다시 돌이나 기와를 놓고 흙을 놓고 하면서 올리는 담이다. 마치 요즈음의 벽돌담을 쌓듯 흙을 놓고 그 위로 돌이나 기와를 받는 방식인 셈이다. 맞담 중에서도 최고로 치는 사치스런 담은 따로 곡담이라 불렀는데 켜켜이 쌓아 올리다 중간 중간에 둥글게 깎은 화강석을 박아 놓은 것을 말한다. 이는 능원에서 많이 볼 수 있으며, 지난해에 불 탄 양양의 낙산사 원통보전 담도 이에 속하는 멋스러운 담장이다.

한편 세도 있는 집안이나 임금이 머물던 궁의 그것들은 지금껏 이야기한 것과는 많이 다르다. 경복궁이나 창덕궁 같은 곳에 가면 독특한 궁장宮牆들을 볼 수 있다. 반듯한 사각형의 돌을 쌓아 올리면서 돌과 돌 사이에 수직과 수평으로 삼화토를 사용해 희게 하장줄을 쳐 장식을 했는데 이를 두고 사괴담이라 한다. 이는 주로 궁의 바깥담에 많이 사용되었고 궁 안에서의 공간을 구분하는 담장으로는 단연 꽃담의 아름다움을 으뜸으로 친다. 경복궁의 자경전이나 교태전의 그것들은 아름답기 그지없어 감탄을 금치 못하게 한다. 꽃담에는 주로 장수, 초복, 길상을 상징하거나 벽사를 뜻하는 무늬들이 그려지곤 했다.

　마지막으로 일부러 시간을 내서라도 안동의 하회까지 가거나 그렇지 않으면 창덕궁 안의 연경당에라도 가서 눈여겨봐야 할 담이 있다. 바로 내외담이다. 우리들이 지닌 담 중에서 가장 짧은 토막인 내외담은 유교적 영향에 따른 것으로 남녀를 구별했던 담이다. 이는 문간에서 대뜸 여인들이 머물던 안채가 보이지 않게 하려던 지혜로운 배려였던 것이다. 사랑채와는 달리 안채는 여성들의 살림, 곧 노동 공간이었다. 그곳에서 일을 하다 보면 옷매무새가 흐트러지게 마련이니 그런 모습을 남자들이 쉽게 보지 못하게 하려 세운 담인 것이다. 이는 요즈음 공중 화장실 같은 곳에 응용되어 있다. 화장실 입구가 선뜻 보이지 않게 출입구 앞에 가림막처럼 세워져 있는 토막담이 바로 내외담이다.

04
변소 이야기

얼레리 꼴레리, 전희하고 지누는…

간혹 그곳에 가고 싶다

어려서 그런 계산까지 한 것은 아니건만 뒷간에 갈 때는 동무들하고 떼로 몰려서 갔다. 소꿉장난을 하다가 한 아이가 술래잡기를 할래? 하면 우르르 따라 하듯이 누군가가 뒷간에 가자하면 똥이 안 마려워도 다들 따라가서 일제히 동그란 엉덩이를 까고 앉아 힘을 주곤 했다. 계집애들도 치마 밑에 엉덩이를 쉽게 깔 수 있는 풍차바지를 입을 때였다. 대낮에도 뒷간 속은 어둑시근해서 계집애들의 흰 궁둥이가 뒷간 지붕의 덜 여문 박을 으스름달밤에 보는 것처럼 뽀얗고도 몽롱했다. 엉덩이는 깠지만 똥이 안 마려워도 손해날 것은 없었다. 줄느런히 앉아 똥을 누면서 하는 얘기는 왜 그렇게 재미가 있었는지, 가히 환상적이었다. 옥수수 먹고 옥수수같이 생긴 똥을 누면서 갑순네 누렁이가 새끼를 여섯 마리나 낳았는데 누렁이는 한 마리도 없고 검둥이하고 흰둥이하고 흰 바탕에 검정 점이 박인 것밖에 없으니 참 이상하다는 따위의 하찮은 얘기가 그 어둑시근하고 격리된 고장에선 호들갑스러운 탄성을 지르게도 하고, 옥시글옥시글 재미난 상상력을 불러일으키게도 했다. 그러나 무엇보다도 뒷간에서는 잘생긴 똥을 많이 누는 게 수였다. 똥은 더러운 것이 아니라 땅으로 돌아가 오이 호박을 주렁주렁 열게 하고, 수박과 참외의 단물을 오르게 한다는 것을 우리는 알고 있었다. 그래서 본능적인 배설의 기쁨뿐 아니라 유익한 것을 생산하고 있다는 긍지까지 맛볼 수가 있었다.

— 박완서의 『그 많던 싱아는 누가 다 먹었을까』 중에서

남의 글을 끌어 온 것이 조금은 길다 싶지만 난 이 이야기를 꼭 들려주고 싶다. 지금껏 뒷간을 이토록 아름다운 문학적 표현으로 갈무리한 글을 읽은 적이 없는 탓이다. 그리고 나 또한 그곳에서 동무들이나 형제들과 엉덩이를 뒤로 맞대고 앉아 수다를 떨거나 노래를 부르기도 했던 기억이 있던 터여서 그 글을 읽으면서 뒷간, 그곳에 가고 싶다는 생각을 멈출 수가 없었다. 그러나 이제 내가 사는 곳에는 향기로운 그것이 없을 뿐더러 엉덩이를 맞대고 앉을 동무들 또한 없다. 아마 한겨울의 뒷간에 곧추 서서 쌓여 올라오던 똥 무더기처럼 내 속에 쌓이기 시작한 세월의 두께 탓일 것이다.

박완서가 이야기하는 변소는 잿간이다. 아직도 시골에 가면 잿간이 남아 있는 곳이 더러 있다. 그런데 분명 뒤를 보는 곳이긴 하지만 처음 가는 도시사람들은 어찌해야 하는지를 몰라 주춤거리기 일쑤인 곳이기도 하다. 거적이나 성긴 양철 문으로 겨우 바람막이만 해 놓은, 문이랄 것도 없는 문을 열면 발을 디디고 올라설 수 있는 돌팍이나 나무판자 두 개가 가

지런히 걸쳐져 있고 작은 삽이 있을 뿐이다. 뒤로는 나무를 태우고 남은 재가 수북이 쌓여 있는데 눈여겨보면 그것이 뒤를 본 것들이다. 바닥에 놓인 돌팍이나 나무판자는 겨우 엉덩이만 땅에 닿지 않을 정도의 높이를 지니고 있고 그 위에 올라앉아 뒤를 봐야 한다. 볼일이 끝났으면 마저 뒤처리까지 손수 해야 하는데 자기의 그것에 재를 덮어서 궁글린 다음 뒤에다 쌓아 놓아야 한다. 어느 정도 그것이 쌓이면 박완서가 이야기한 대로 밖으로 퍼내어 밭에 뿌려지는 거름이 되어 우리들이 먹는 온갖 채소를 무럭무럭 자라게 해주었다. 그렇기에 언뜻 생각하면 잿간은 냄새가 진동을 하는 불결한 곳 같지만 천만에 그곳에는 신기하게도 냄새가 나지 않는다.

　우리나라 최초의 민속학자였던 손진태는 함경도 지역으로 박수무당 조사를 나섰다가 중화군 해압면海鴨面 흥문리興文里로 가기 전 겸이포兼二浦의 작은 주막에서 든든하게 아침을 먹고 들메끈을 고쳐 묶고 변소를 갔는데 그곳이 바로 잿간이었다. 그는 당시의 모습을 「토속 연구 기행기」라는 글로 남겼는데 다음과 같다.

> 주인과 작별하고, 나는 홍문리를 향하였다. 뒤가 마렵기에 어떤 외떨어진 길가 뒷간을 찾아들어 갔다. 모래땅을 휘적휘적 파고 한 모퉁이에 봇돌을 두 개만 놓은 뒷간이었다. 울타리는 갈가리 떨어져 기둥만 겨우 남아 있었다. 오줌은 누는 대로 모래땅 속으로 흘러내려가고, 똥에서 나는 악취는 나와 볼 사이도 없이 바람이 그것을 몰아 밀리밀리 공중으로, 산 너머로 가지고 간다. 정말 한 점의 구린내를 맡아볼 수도 없는 일등 뒷간이었다. 하늘은 푸르고 바람은 싸늘하였다.

모과향기 가득한 통시에서 읽던 책

이렇듯 아름다운 그곳을 부르는 말은 참 많았다. 뒷간, 통시, 잿간, 정낭淨廊, 정방淨房, 해우소解憂所, 북수간北水間, 변소便所, 측간廁間 그리고 임금이 앉아서 볼일을 보던 곳은 매화틀이라 했다. 어린 시절 나는 그곳을 '통시'라 불렀다. 할아버지가 그렇게 부르고 아버지와 어머니도 그렇게 불렀다. 할아버지는 간혹 '뒷간'이라고도 불렀으며 모과가 새콤달콤한 향을 내놓는 가을이면 언제나 "지누야, 할배하고 저 같이 가자"며 나를 앞세워 모과를 따거나 이미 땅에 떨어진 못생긴 놈을 주워 오곤 했다. 잘생긴 것은 어머니가 받아 들어 할머니와 함께 모과차를 만들었고 몇 개는 편을 만들어 두었다가 설사를 하며 변소를 쉴 새 없이 뛰어다닐 때면 꺼내 주곤 했다. 그것을 먹고 나면 거짓말처럼 속이 편안해졌다.

그나마 이미 땅에 떨어져 생채기가 난 것들은 할아버지 차지였다. 해마다 할아버지는 가는 노끈으로 얼금얼금 짜서 속이 훤히 들여다보이는 망태기에다 주섬주섬 모과를 집어넣고 통시로 갔다. 한낮에도 어둑하기만 한 통시. 그곳에 망태기를 매달곤 했다. 밑 닦는 용도로 쓰던 잘라 놓은 신문지나 하루씩 떼어 내는 해묵은 일력이 덩그마니 걸려 있던 변소의 안쪽 벽만이 아니라 발을 디디고 앉는 그 아래에도 매달았다. 발판 안쪽에 못을 박고 잘 익은 모과 서너 개를 담은 망태기를 줄로 묶어 드리워 놓았던 것이다.

"할배요. 이거는 와 여다 이래 묶어 놓는데예?" "와는, 니 똥 냄새 나지 말라꼬 해 놓는 기지. 이거 이래 해 노마 냄새도 안 나고 파리도 안 꼬이는 기라"라며 빙긋 웃음을 짓곤 했다. 그것은 요즈음으로 치면 방향제나 살충제와 마찬가지였다. 갓 딴 모과를 매단 다음날. 그곳에 쭈그리고 앉

아 쿵쿵대며 이것저것 뒤죽박죽된 냄새 가운데에서 모과 냄새를 찾아내려 힘주는 것도 잊어버린 채 다리에 쥐가 나기도 했었으니 지금에 와서는 흥겨운 추억이다.

　조선 초기 사가정四佳亭 서거정(1420~1488)은 모과의 향을 두고 "겉도 노랗고 속마저 노르끄레한 것이 제멋대로이고 먹지도 못한다. 한데 향기만은 빛깔이나 꿀보다 뛰어나고 심오하다. 겉이 갈색으로 시들어도 형체가 남아 있는 이상 향기는 시들지 않으며, 그 향기는 코로 맡아지는 것이 아니라, 생각으로 맡아지는 향기이다"라고 했다. 나는 간혹 그 향기 속에서 책을 읽기도 했다. 아버지는 언제나 통시에 있던 바구니에 책을 넣어 놓았다. 당신이 읽을 것에서부터 개구쟁이 아들들이 볼 수 있는 것까지 골고루 말이다. 그 작은 마음 씀 탓에 난 아직껏 그곳엘 가면 책을 읽어야 한다. 아무리 급해도 휴지를 챙기기보다 주섬주섬 책을 먼저 챙기는 것이 습관이 되었고 책을 들지 않고 가면 허전해서 뒤가 잘 봐지지가 않는다. 그 탓인지 이참에 집을 옮기면서는 아예 손이 잘 닿는 곳에 책꽂이를 만들어 그곳에서 읽을 책을 추려서 갖다 두기도 했다.

　그곳에서 책을 보는 일은 예전부터도 흔한 일이었다. 초정楚亭 박제가(1750~1805)는 형암炯庵 이덕무(1741~1793)와 함께 조선 후기의 역사적 전환기에 치열한 삶을 산 북학자이자 뛰어난 문인이다. 그는 스스로 말한다. "내가 처음 글을 배운 것은 막 젖 먹던 때였지(我初學書尙哺乳)"라고 말이다. 이제 막 젖을 먹기 시작할 때부터 글공부를 했다니 참 무서운 이야기가 아닐 수 없다. 그렇게 공부를 시작한 그가 스스로 남겨 놓은 유년 시절에 대한 기록을 보면 "어릴 때부터 글을 좋아해 읽은 책은 반드시 세 번씩 베껴 썼고, 입에는 늘 붓을 물고 있었다. 변소에 가면 그 옆 모래에 글씨를 썼고, 앉아서는 허공에 그림 그리기를 연습했다"고 한다.

그런가 하면 세조가 신숙주에게 상으로 내린 『고문선古文選』이라는 귀한 책을 빌려가서는 모두 찢어 천장이며 벽 할 것 없이 방 안 가득 붙여 놓고 누워서 외우고 있었다는 괴애乖崖 김수온(1410~1481). 그는 말을 탈 때나 길을 걸을 때 그리고 측간에 갈 때도 책을 가지고 다녔다고 한다. 그 탓인지 선비들에게 그곳은 투한偸閑의 장소이기도 했다. 망중투한이니 바쁜 중에 한가한 틈을 즐기는 곳이 바로 변소였던 셈이다. 프랑스의 사상가 장 자크 루소 또한 책을 뒷간에서 읽었다고 하니 이는 동서양을 가리지 않는 일인 듯싶다. 젊은 시절부터 앓기 시작한 방광염으로 고생을 한 루소는 아예 뒷간에 앉아 사색하기를 즐겼는데, 동과 서가 서로 다르지 않다. 이오덕의 「변소 이야기」를 읽어 본다.

    내게는 조그만 공간이 있으면 된다. 나는 거기서 아침이면 그날의 일을 설계하기도 하지만 초조하게 무엇을 기다리거나 중대한 결단을 내리지 못해 불안할 때 그곳에 잠시 앉아 있으면 침착하고 냉정한 자신으로 돌아오게 되고 그리하여 뜻밖에도 지혜로운 생각에 이르는 경우도 있다.

이 또한 옛사람들과 다르지 않다. 선조들은 사색을 하기 마땅한 곳으로 말을 타고 가는 길, 잠자리에 들기 전 그리고 뒷간을 꼽았으니 말이다.

할아버지의 헛기침과 변소각시

그러나 깜박 잊고 통시에서 일을 마치고 보다만 책을 든 채 부엌에 계신 어머니에게로 가면 "야야. 니 그거 또 가주고 나왔나. 퍼뜩 갖다 놓고 온나. 맨날 가주고 나오지 마라 케도 꼭 저래 들고 나오고 그카네. 빨리 갖다 놓고 와서 손 안 닦나. 어이"하며 혼을 내곤 했다. 또 지짐을 부치고 계신 어머니 곁에 앉아 일을 거들다가 지짐 뒤집개를 든 채 뒷간에 뛰어갔다 와도 마찬가지였다. 시무룩해져서 정구지 지짐을 입에 물고 할머니 무릎을 파고들면 다독거리며 옛날이야기 하나를 들려주었다.

"옛날, 옛날에 호래이 담배 피우던 때라. 집에 신이 살았다 말이라. 저 대문 안 있나. 그 사는 신이 냄편이고 부엌에 사는 신 안 있더나. 종재기에 물 떠 놓은 거 안 있더나. 조왕이라 카는 거. 그기 할마이라. 그 둘 사이에 너것들만한 아들이 일곱이 있었는데 그것들은 저 큰길에서 집에 들어오는 골목을 지키는 신이라. 그란데 문간신, 이 영감재이가 바람을 피웠어. 그래 조왕 할마이 말고 또 다른 색시를 하나 얻었는데 그기 사는 데가 변소라. 변소가 집에서 젤 멀리 안 있더나. 그러이 영감재이가 할마이 모리게 젊은 색시를 감춰 논 거라 이말이라. 암만 그래도 손꼽쟁이만한 집인데 조왕 할마이가 그걸 모리겠나. 그래 그 할마이가 영감재이가 색시를 집에 데리다 놨다는 걸 알고부터는 변소각시하고 둘이 영감재이 하나를 놓고 사흘 두루 쌈만한다 말이라. 맨날 얼굴을 맞대마 쌈질을 해대이 우짜노, 둘이 멀찌감치 떨어져 있구로 해야지. 그래가 부엌하고 변소하고는 서로 멀찌감치 떨어져 있는 기라. 그래 한참을 살다가 변소각시가 우째우째 해갖고는 고마 조왕 할마이를 죽이 뿟어. 그래 고마 또 조왕 할마이 아들들이 변소각시를 쥑이고 그라다 보이 부엌하고 변소는 천지간에 원수가 된 기라. 그라이 변소에 있는 물건을 부엌에 가주 가마 안 되는 기라. 부엌에 있는 것도 변소에 가주 가마 안 되는 기고. 그런 걸 자꾸 가주 가마 그것들이 싸운다 말이라. 그라마 집안이 조용할 날이 없는 기라. 그라이 집안에 좋은 일이 생기것나 어데. 엄마가 자꾸 뭐라 카는 기 그거 때문이라."

이는 부엌과 뒷간이 서로 멀리 떨어져 있어야 한다는 위생관념의 우회적 표현이다. 똥이나 오줌이라는 것은 더러운 것이니까 그 근처에는 얼씬하지 말라는 일방적인 금지성 억제가 아니라 불구대천의 원수처럼 지내는 두 신의 관계를 설정해 서로 가까이 하지 않는 것이 집안으로 복을 불러들이는 것이라는 점을 내세워 저절로 위생적인 부분을 얻으려고 한 지혜로운 이야기였다.

어쨌거나 한겨울이면 정말 그곳에 앉아 있기가 싫었다. 아무리 내 속에 똥이 무르익어 참을 수 없는 부담이 생길지라도 엉덩이를 얼리고도 남을 찬바람이 불어대는 그곳에 가는 것조차도 싫었으니 후다닥 뛰어가서는 앞뒤 가리지 않고 덜컥 문부터 열게 마련이었다. 잠금장치가 변변치 않았던 시절이니 문을 열고 보면 난감한 장면이 연출되기도 했다. 하지만 어른들은 아무리 급해도 나처럼 기척도 하지 않고 문을 열어젖히지는 않았다. 뚜벅뚜벅. 할아버지나 아버지가 걸어오시는 것은 안에 앉아 있어도 단박에 알 수 있었다. 언제나 "으흠"하는 헛기침을 앞세웠던 탓이다. 그 기침을 받아 "아부지예 지누 안에 있심더"하면 "누꼬, 지누가 안에 있나. 아부진데 아직 멀었나. 다 됐시마 퍼뜩 나오니라"하면서 이따금 잦은 기침으로 당신의 볼일이 급함을 알려 주시곤 했다.

『산림경제』「복기조」를 보면 "측간에 길 때는 3~5보 떨어진 데에서 두서너 번 기침소리를 하면 귀신이 자연히 피한다"고 되어 있다. 앞서 할머니가 해주셨던 이야기 속에 나오던 변소각시. 그녀를 쫓으려 한 것이다.

신경질적이고 변덕스러운 그녀는 첩이라 살림에는 관심이 없고 늘 자기 얼굴매무새나 가꾸는 것을 즐겨 머리카락을 발에 걸고 헤아리며 서방님인 문간신이 오기만을 기다리고 있다고 한다. 넋을 놓고 머리카락을 만지고 있다가 갑자기 사람이 나타나면 놀라서 머리카락을 상대편에게 뒤집어씌웠다는 것이다. 한 번 뒷간신의 머리카락을 뒤집어쓴 사람은 까닭 없이 시름시름 앓다가 죽게 되니 헛기침 서너 번으로 그녀에게 사람이 가고 있음을 미리 알리는 것이다. 그녀는 부출각시, 변소각시(전남, 경북), 칙간조신(전남), 정낭각시(전남, 경북), 변소장군(경북), 칙시부인이나 칙도부인(제주도)으로도 불린다. 할머니는 "벤소각시는 6자를 좋아한다 말이라. 그라이 6일 하고 16일, 26일 이런 날은 조심해야 되는 기라. 그라이 그날 밤에 벤소 갈 때 니 혼차 가지 말고 꼭 누구 델꼬 가 문 앞에다 세와 놓고 볼일 보거라. 알았제"라고 했다.

마침 그런 날 밤에 그곳에 가야 할 일이 생기면 한 살 위일 뿐이지만 형을 깨워서 함께 뒷간엘 가곤 했다. 물론 어린 동생들이 가야 할 때면 나 또한 형으로 따라가긴 했지만 무섭기는 동생이나 나나 마찬가지여서 "야. 아직도 멀었나 우옛노. 빨리 싸라. 임마"라는 소리가 그믐달빛 쨍쨍하게 부서지던 겨울 하늘에 가늘게 퍼져 나가곤 했다. 하필이면 그런 날, 좋지 않았던 전기 사정 탓에 애기 주먹보다도 작은 등이 꺼지기라도 하는 날이면 뒤를 닦는 것도 잊어버린 채 호들갑을 떨며 후다닥 달려 나와 내 품에 안기던 동생이며 형에게로 달려가던 나. 그래도 동생들 앞에서는 "무섭기는 뭐가 무섭노. 괘안타"라며 형의 권위를 지키려 호기를 부렸지만 사실 나 또한 동생 못지않게 몸에 소름이 돋곤 했었다.

내가 본 것은 누구에게도 말하지 않는다

추석 때였던가. 막바지 더위에 차례음식이 상했던지 먹은 것이 그만 탈이 나고 말았다. 동네 약손 할머니에게 가서 손가락도 따고 먹기 싫은 환약도 먹었건만 그날따라 '내손은 약손'이라는 동네 약손 할머니의 손이나 우리 할머니의 손 모두 약효가 없었다. 대여섯 번도 넘게 들락날락. 변소 다니느라 허기까지 졌다. 그러다가 또 달려갔는데 후다닥 문을 열자 그 안에 아버지가 앉아 계셨다. 다행히 아버지는 일을 마치고 바지춤을 여민 터여서 불상사는 없었지만 볼일을 마치고 방으로 들어가면 놀림감이 되기 일쑤였다. "지누야. 니 그래 급하디나. 그라마 마당에 신문지 깔고 볼일 보지 와. 점마가 아프긴 마이 아픈 모양이네. 일로 온너라. 내 주물러 주꾸마." 할머니가 아무리 주물러 줘도 소용이 없던 그날 밤 나는 마루에 놓인 놋으로 만든 묵직한 요강 신세를 대여섯 번은 져야 했다. 어린 시절에는 곧잘 그랬다. 하나밖에 없는 변소에 어른이라도 들어 있으면 우리 형제들은 마당에 신문지를 펼치고 쭈그리고 앉거나 요강을 깔고 앉거나 혹은 그 앞에 사정없이 무릎을 꿇곤 볼일을 봐야 했다.

우리에게 요강이 있었듯이 서양에도 요강이 있기는 마찬가지다. 우리들 요강에도 난초며 모란꽃이 피었듯이 그들의 그것에도 그림이 그려져 있었다. 한때 파리 시민들은 미국의 벤저민 프랭클린 대통령의 얼굴을 보며 볼일을 봤다고 한다. 우스꽝스럽게 웃고 있는 풍자만화로 그려진 프랭클린의 얼굴 아래에는 '독재의 압제를 박살낸 인물'이라는 글귀가 있었다고 한다. 그뿐 아니라 당시 프랑스의 왕이었던 루이 16세는 자신의 연인이 미국에서 온 이 준수한 남자에게 마음을 빼앗긴 것을 알고는 그의 얼굴이 그려져 있는 요강을 연인에게 생일선물로 주었다고 하니 재미있는 일이다. 그런가 하면 영국의 스트랫필드 세이에 있는 요강에는 가부좌를 틀고 두 손을 펼쳐 들고 무엇인가 부정하고 있는 듯한 웰링턴 공작의 모습을 그려 놓았는데, 그 아래에는 "깨끗하게 사용하세요. 내가 본 것은 누구에게도 말하지 않을 거랍니다"라는 글을 써 놓았다. 물론 그 공작은 입을 반쯤 벌리고 헤벌쯤하게 웃고 있다. 그는 무엇을 본 것일까?

불타는 똥의 거리와 하이힐

요강이 발달했다는 이야기는 그만큼 볼일을 볼 수 있는 공간이 적었다는 이야기와도 같다. 서구 문명의 낭만적 황금기라 할 수 있는 중세의 유럽. 당시 유행하던 고무줄놀이의 노래는 많은 것을 암시하고 있다. "장미 주위로 모여라. 주머니 속엔 한 줌 재와 꽃. 우린 모두 쓰러진다네." 이는 1348년부터 1350년까지 유럽 대륙 전체를 휩쓴 흑사병이 기승을 부릴 때 불린 노래다. 흑사병에 걸린 사람들의 뺨은 끓어오르는 열을 견디지 못해 장미꽃처럼 붉게 물들었고 사람들은 이내 죽어 갈 가련한 그들에게 붉은 장미꽃을 놓아 주었다. 그렇게 죽어 간 사람들이 유럽 인구의 3분의 1이나 되었으니 이는 유럽 최대의 재앙이었다.

그 재앙을 몰고 온 원인, 그것은 다름 아닌 불결한 유럽의 거리 탓이었다. 당시 그들의 배설물 처리 방식은 요강에 담긴 분뇨를 거리로 내던지는 것. 게다가 집 밖에서는 닥치는 대로 아무 곳에서나 볼일을 보았다. 정부 또한 거리에 쌓인 분뇨를 성 밖으로 옮겨 쌓이 놓거나 강에 버릴 뿐 별다른 대책이 없었다. 다행히 공중변소가 있기는 했지만 이 또한 모두 강의 다리 위에 만들어진 것이어서 볼일을 보는 순간 강물로 떨어지게 되어 있었다. 템즈강에 걸린 런던 브리지는 묘한 낭만적 뉘앙스를 풍기는 대명사가 되어 있지만, 그 다리는 "현명한 사람은 위로 건너고 바보는 아래로 건넌다"는 말을 유행시킨 다리였다. 그 다리 위에는 무려 138개의 공중변소가 설치되어 있었으니 다리 아래로는 언제나 사람들의 배설물이 떨어지고 있었던 셈이다.

영국의 주요 신문사나 잡지사가 몰려 있는 런던의 플리트 가(Fleet Street)는 본디 플리트 강이었다. 강의 다리 위에는 런던 브리지와 마찬가지로 11개의 공중변소가 있었고 그곳에서 쏟아지는 분뇨와 사람들이 버리는 오물은 해가 지날수록 강이 감당할 수 있는 양을 넘어 버렸다. 결국 강은 흐름을 멈추었고 지금의 플리트 거리가 된 것이다. 또 가까이 있는 셔본 가(Sherborn Street)는 불타는 똥의 거리(Shiteburn Street)라는 이름으로 불리기도 했다. 파리 또한 이와 다르지 않았다. 분뇨와 오물로 넘쳐 나는 거리를 깨끗이 하기 위해 경찰이 나서기도 했지만 소용없는 일이었.

이른 아침이면 밤새 요강에 모아 두었던 배설물들이 길거리로 버려지기 일쑤였고, 런던과 마찬가지로 길거리는 온통 배설물 천지의 도시가 되었다. 이는 19세기까지도 이어져 1843년의 「파리시 공보」를 보면 "벌건 대낮에도 길가에 쭈그리고 앉아 있는 사람을 보는 것은 그다지 희귀한 일이 아니다. 그들은 전혀 자신의 몸을 숨기거나 가리려고도 하지 않는다"라고 기록하고 있다. 그 탓에 생겨 난 것이 하이힐이다. 오물로 범벅이 된 거리를 걷는 일이나 볼일을 보기 위해 숲으로 들어가서 이미 무더기로 쌓여 있는 그것을 피하기 위해 신발의 높이를 높였던 셈이다. 이는 길을 걸을 때도 마찬가지다. 남녀가 같이 걸을 때 남자가 인도의 바깥쪽, 즉 자동차가 다니는 쪽으로 걷는 까닭은 자동차가 덮칠까 싶어 여자를 보호한다고 안쪽으로 걷게 한 것은 아니었다. 지금이야 자동차 탓이라고 할 수도 있겠지만 본디는 이층에서 던지는 요강 속에 든 그것을 여자들이 덮어쓸까 싶어 모자와 망토와 같은 겉옷으로 중무장한 남자들이 바깥으로 걷는 신사도를 발휘했던 것이다.

유럽에 앉아서 볼일을 보는 좌식 변기가 처음 등장한 것은 14세기 초, 프랑스의 필립 5세가 왕으로 있을 때였으며 그것은 왕실 전용이었다. 그 전에는 왕이나 보통 사람들이나 할 것 없이 모두 쭈그리고 앉았던 셈이다. 이후 1694년, 프랑스의 오를레앙 공작부인은 쭈그리고 앉는 것의 고통을 편지에 써서 왕에게 보냈다. "폐하는 좋은 화장실을 가지고 계시니 숲에서 쭈그리고 앉아 용무를 보시는 일은 없으시겠죠? 그러나 저는 밖에서 볼일을 보는 것이 너무나 괴롭습니다. 무엇인가가 엉덩이를 받쳐 주지 않는다면 주저앉게 되니 볼일을 볼 수가 없습니다." 이 편지 덕에 귀족들은 그때부터 좌식 변기를 가질 수 있었지만 보통 사람들은 여전히 우리들의 뒷간과 같이 쭈그리고 앉아서 볼일을 봤다.

우리나라의 임금 또한 보통 사람들과는 다른 곳에서 볼일을 봤다. 임금이 앉아서 볼일을 보는 곳은 매화틀, 매우틀 혹은 매우그릇이라고 불렀다. 그리고 그것만을 따로 돌보며 변이 떨어지는 곳에 '매추'라는 여물을 썰어 넣는 복이나인을 두어 임금이 볼일을 보고 나면 그 뒤처리를 하게 하였다. 매추는 배설물이 떨어질 때 나는 소리를 줄여 주었으며 냄새 또한 억제하는 효과를 지닌 것이었다. 이는 여염집에서도 요강단지 안에 목화씨를 넣거나 해서 오줌을 눌 때 나는 소리를 감하려 했던 것과 같다.

그렇다면 서양 사람들이 그토록 고민해 마지않던 배설물을 우리들은 어찌 했을까. 옛말에 '기회자 장삼십, 기분자 장오십棄灰者杖三十, 棄糞者

杖五十'이라 했으니 "재를 버리는 사람은 곤장이 삼십대요 똥을 버리는 사람은 곤장 오십대를 친다"는 말이다. 그만큼 재와 사람의 배설물은 농경사회였던 우리들에게 중요한 거름으로 대접받았던 셈이다. 세종 때 쓰여진 『농사직설』에는 "오줌재(尿灰) 만드는 방법은, 외양간 밖에 웅덩이를 파 오줌을 모았다가, 곡식대나 겨·쭉정이 따위를 태워 만든 재를 웅덩이의 오줌과 반죽한다", "말똥재와 태운 양초秧草(어린 풀)를 사람 오줌과 배합하고 불 땐 재와 섞어서 잿간(灰間)에 쌓고서 거적과 풀로 덮어놓으면 뜨듯해져 쉽게 뜬다"고 했다. 또 "벼 못자리에 똥재를 주되 다년간 쓰던 논에는 다섯 마지기에 똥재 세 가마니, 처음 쓰는 논에는 똥재 네 가마니를 넣는 것이 적당하다"고 했는데, 똥재가 구체적으로 거래된 기록까지 남아 있다.

이는 이웃한 일본도 마찬가지여서 메이지 11년(1878)에 '분뇨 취급 규칙'을 제정, 시행했다. 농민들이나 분뇨 수거업자들이 사들이는 분뇨의 값은 그 질에 따라 서로 달랐다. 최상등품은 다이묘(大名)가 사는 집의 것, 다음은 공공 변소의 것, 중등품은 보통 여염집의 것을 쳤고 질이 좋지 않은 것으로는 똥보다는 오줌이 많아 묽은 것을 쳤다. 그리고 가장 질이 나쁜 것으로는 감옥의 그것이라 했다. 신분이 달라 그것만으로도 차별받는 것이 서러울 텐데 똥마저도 신분에 따라 값이 달랐던 것이다. 이는 그것의 생산자들이 먹는 음식의 질에 따라 값이 달리 매겨진 것이다.

얼레리 꼴레리, 지누하고 전희는…

어느 날 우리 집 뒷간의 바깥벽에 하얀 분필로 된 낙서를 발견했다. 우스꽝스럽게 생긴 그림과 함께 "얼레리 꼴레리 전희하고 지누하고 뽀뽀했다 카더라"고 써 있었다. 다음날 골목에서 아이들이 부르는 노래 소리가 마당을 건너 들려왔다. "얼레리 꼴레리 얼레리 꼴레리, 전희하고 지누가 뽀뽀했단다, 뽀뽀했단다." 후다닥 골목으로 뛰쳐나가 아이들을 노려보면 노래 가사는 어느새 "누구누구는 누구누구하고 음음음 했단다"로 바뀌어 있었다. 물론 나를 비껴 처다보는 그들의 얼굴에는 묘한 웃음이 흐르고 있었고 나는 붉으락푸르락하고 있었음이다. 전희는 희면이와 함께 내가 몹시 좋아했던 같은 반의 고운 여자아이였다. 그런데 아이들이 나의 그 순수한 사랑을 모독했으니 결코 참을 수 없는 일이었다.

나는 누구랄 것도 없이 아이들이 있는 곳을 향해 소리쳤다. "야, 임마. 너것들이 내하고 전희하고 뽀뽀하는 거 봤나. 이거 쓴 놈 걸리기마 해봐라. 가마이 놔뚜나 보자." 아이들은 잠시 주춤하는가 싶었지만 돌아서더니 킥킥대며 골목을 빠져나갔고 노래 소리는 또 다시 들려왔다. 나는 씩씩대며 낙서를 지우려 했지만 흙벽에 분필로 쓰여진 것은 좀체 지워지지 않았다. 겨우 어머니의 도움을 받아서 지울 수가 있었는데 옆에서 분이 식지 않은 나를 보고 어머니는 "숭악한 놈들이 와 이런 걸 여다 이래 써 놓고 그라노. 엄마가 혼내 줄테이께네 고마 해라. 그란데 지누 니 정말로 전희 좋아하나"라고 달래는가 싶더니 뜻밖의 질문을 했다. 엉겁결에 당한 질문이라 "모린다. 내가 그걸 우째 아노"라며 대답하는 내 얼굴은 붉어져만 가고 있었던지 "니 얼굴이 와 그래 빨가이 됐노. 요놈아가 좋아하기는 좋아히는 모양이구마. 하라 카는 공부는 안 하고 학교 가마 가시나들만 쫓아댕기나." "내가 언제 그라더노. 안 그란다. 엄마까지 와 카노"라며 괜히 눈물만 글썽거리곤 했다.

그래도 이렇게 바깥벽에 하는 낙서는 건강한 것이다. 대개의 음란한 낙서는 모두 뒷간 안에 있게 마련이고, 그것은 여자용보다 남자들이 사용하는 곳에 더 많다. 『킨제이보고서』에 따르면 대개의 음란한 낙서를 하는 남자들은 여자들이 그것을 보지 않으리라는 것을 이미 알고 있으며, 오히려 다른 남자들이 자신이 써 놓은 낙서를 보며 흥분할 것을 짐작하며 흥분 상태에 빠지는 것이라고 한다. 묘한 노릇이긴 하지만 이들은 대개 성적 도착증이 있거나 바바리맨이라고 불리는 노출광적인 성적 기아(飢餓)에 시달리는 열등감에 젖은 사람일 가능성이 많다고 한다. 그러나 뒷간 안쪽 벽이라고 해서 꼭 그렇게 외설스러운 낙서들만 있는 것은 아니다.

재치와 풍자가 가득한 곳 또한 뒷간의 벽일지니, 낙서 하나 없이 깔끔한 화장실은 도리어 심심하기까지 하다. 알타미라 동굴벽화와 같이 세상에 벽이란 것이 생기자 곧 낙서가 시작됐지만 뒷간의 낙서는 그 역사가 길지는 않다. 적어도 16세기까지는 마땅히 볼일을 볼 수 있는 공간이 마련되지 않았으니 그곳만의 낙서가 발달되지 않았던 것이다. 그러나 개인들이 옆 사람의 방해를 받지 않고 따로 앉아서 볼일을 볼 수 있는 공간이 생기자마자 기다렸다는 듯이 낙서가 봇물을 이루었다.

로마의 공중변소에는 그득한 똥과 오줌만큼이나 많은 낙서들이 벽을 메워 가고 있었고 관리들은 이를 막지 못해 골치를 앓았다. 바로 이 무렵 로마의 공중변소 벽에는 난데없이 신들의 모습이 그려지기 시작했다. 적어도 로마인들은 신의 존재를 믿고 있었던 탓에 신의 몸이나 얼굴에 낙서를 할 수는 없을 것이라는 걸 관리들이 생각해 낸 것이다. 물론 그 이후 로마의 공중변소에는 낙서가 사라졌다.

일본의 가마쿠라 시대에도 변소의 벽에 글을 쓰거나 벽면을 긁어서는 안 된다는 기록이 있는 것을 보면, 동서를 가리지 않고 변소의 벽은 낙서장과도 같았던 셈이다. 왜 유독 변소의 벽이었을까. 이는 변소가 배설을 하는 곳이기 때문이다. 배 속에서 무르익어 참을 수 없는 부담이 된 똥과 오줌. 그것이 빠져나가는 육체적인 쾌감은 자유를 불러일으키고 그 연쇄 작용으로 정신적인 배설까지 동시에 맛보려는 본능 때문인 것이다. 몸과 정신의 자유. 이 둘을 동시에 얻을 수 있는 곳으로 인간들은 한 평도 채 되지 않아 답답하기 짝이 없는 변소를 택한 것이다. 변소便所란 말은 일본말이 변한 것이긴 하지만 한문을 그대로 풀면 편안해지는 곳이라는 뜻이다. 몸뿐 아니라 정신까지도 말이다.

 그토록 편안해지려면 어떻게 볼일을 봐야 할까. 『증보산림경제』에 광해군 때의 건강 지침서인 『수양총서』를 빌려 볼일 보기에 대해 써 놓은 것을 보자. "무릇 대변이나 소변이 보고 싶을 때는 참지 말고 즉시 보아야 하고 소변을 참으면 다섯 가지 임질淋疾이 생기고 또는 무릎이 차가워져서 마비가 되는가 하면 대변을 참으면 다섯 가지 치질이 생긴다"고 했다. 또 "소변을 힘주어 누지 말아야 하며 오래도록 힘주어 누면 양쪽 무릎에 냉통이 생기고 대변 또한 힘주어 누지 말아야 하는데 오래도록 힘주어 누면 요통이 생기고 눈이 어둡게 될 터이니 모두 자연히 나오는 대로 내버려 두어야 한다"고 했다. 그리고 "대변이나 소변을 볼 때에는 입과 이를 꼭 다물고 눈은 위로 보면서 기가 배설되지 않도록 해야 하며 밤에 소변을 볼 때 얼굴을 치켜들고 눈을 뜨면 눈이 어두워지지 않으며 배고플 때는 앉아서 소변을 보고 배부를 때는 서서 소변을 보는 것이 좋다"고 했으니 따라 해볼 일이다.

"야가 변소에 빠졌나 우옛노"

그렇지만 밤에는 뒷간 가기가 여간 만만한 일이 아니었다. 게다가 툭하면 기약도 없는 정전이 되고 마는 시절이었으니 아예 뒷간에는 양초와 성냥이 놓여 있게 마련이었다. 문 앞에 형이나 어머니를 앞세워 놓기는 했지만 촛불을 켜는 일조차도 만만한 일은 아니었다. 자라 보고 놀란 가슴 솥뚜껑 보고 놀란다고 하지 않았던가. 무서워 문을 열어 놓은 탓에 켜 놓은 촛불이 일렁거리다가 나를 덮칠 것만 같아서 스스로의 그림자에 놀라 그만 울음을 터뜨리기 일쑤였다. 놀란 동생을 위해 기꺼이 변소 앞을 지켜 주던 형. 그리고 나를 앞세워 그곳에 가던 동생들. 우리들은 그렇게 자랐다. 한겨울 늦은 밤에 볼일을 본답시고 마루로 나섰다가 소복하게 쌓인 눈을 보고는 형제들이 모두 나와 마당에서 한바탕 눈싸움을 했고, 연탄재를 심을 삼아 눈덩이를 굴려 눈사람을 만들어 대문간에 세워 놓느라 어느덧 뒤보는 일은 까마득하게 잊어버리기도 했다. 그때 어머니가 "지누 니 변소 간다꼬 나오디 똥은 쌌나 우옛노"라고 하면 그제야 후다닥 변소로 달려 들어가면 "저놈아가 똥누로 간다 카디 똥은 안 누고 엄한 일만 하고 있었네"라며 마당에 웃음소리가 가득했다.

그토록 형제들의 우애를 두텁게 해준 우리 집 통시는 대문간에 있었지만 사과 과수원을 하던 외갓집의 변소는 대문간을 지나 바깥마당에 있었는데, 그곳에 앉으면 아련히 금호강이 내다보였다. 얼기설기 짠 판장벽 틈으로 보이던 강과 산. 나는 그 풍경을 결코 잊지 못한다. 모깃불 피워 놓고 어른들 모두 마당에 놓인 평상에 나와 누웠으니 무서울 것도 없던 여름밤. 성긴 문틈으로 반딧불이가 날아다니는 것을 봤는가 하면 지붕을 타고 올라간 새하얀 박 사이로 보이던 하늘에 숨 쉴 틈도 없이 빽빽하게 박혀 있던 별이 아름다워 뒤보는 일도 잊어버린 채 앉아 있기도 했던 그곳. 휘한 보름달이 뜨는 밤이면 멀리 강물에 반짝이던 달빛 또한 숨이 멎을 만치 어린 내 가슴을 파고들었다. 다리가 아픈 줄도 모르고 여치 울음소리와 풀벌레 소리에 넋을 빼고 있을 즈음이면 외할머니는 "야가 변소에 빠졌나 우옛노. 지누 아직도 그 있나. 빨리 나오너래이"라며 멀리서 이따금 불러 주시곤 했다.

그랬다. 지금 와 생각해 보면 때로 구더기가 득시글거려 인상이 절로 찌푸려지기도 했지만 그곳은 뒤만 보고 나오는 곳이 아니라 내 미래의 한 부분이 준비되던 곳이었지 싶다. 그곳. 그 자그마한 뒷간에 다시 쭈그리고 앉으면 시라도 서너 편 거침없이 써 낼 수 있을 것만 같지만 이제 내가 앉을 곳은 없다. 외갓집이 있던 자리에는 공단이 들어섰고 오순도순 살던 우리 집이 있던 자리는 그 어디인지 가늠조차 할 수 없을 지경으로 거대한 아파트가 들어서고 말았다. 형제들을 공포에 몰아넣던 파란손과 빨간손 귀신이나 변소각시와도 한 번쯤 더 만나 보고 싶지만 이제 그들도 없다. 다만 걸터앉은 변기에는 "징"하는 소리와 함께 나타나서는 물세례를 퍼붓곤 이내 바람을 쏟아 놓으며 속절없이 사라지고 마는 비데귀신이 지키고 있으며, 노란 모과 대신 방향제에서 나오는 모과향만 그득하다.

05
마당 이야기

우리 집 꽃밭에 피던 국화빵 꽃

허균이 꿈꾸던 집

조선 중기 호를 나옹懶翁으로 쓰던 이정(1578~1607)이라는 빼어난 화가가 있었다. 금강산의 장안사長安寺에 벽화를 그리기도 했던 그는 교산蛟山 허균(1569~1618)보다 아홉 살이나 아래였지만 두터운 친분을 가진 것으로 알려져 있다. 1607년 정월의 어느 날, 허균이 그에게 편지를 보냈다. 「이나옹에게 보냄(與李懶翁)」이라는 제목의 편지는 허균이 그에게 그림 한 점을 부탁하는 것이었다. 큰 비단 한 묶음과 갖가지 모양의 노랗고 푸른 비단을 집 종아이에게 시켜 이정이 머물던 서경西京, 곧 지금의 평양으로 보냈다는 것으로 시작하는 그것은 허균이 마음속에 품고 있는 집이 어떤 것인지 알 수 있는 것이어서 흥미롭다.

허균은 '수회작배산림계사須繪作背山臨溪舍'라 했다. 부디 산을 등지고 시냇물을 앞에 둔 집을 그려 달라는 말이다. 곧 배산임수를 말하는 것이다. 마당에는 갖가지 꽃과 밋밋한 대나무 천 그루를 심고, 가운데로는 남

05 마당 이야기 | 103

쪽으로 마루를 터 달라고 했다. 그리곤 그 앞뜰을 넓게 그려 그곳에 석죽石竹이며 금선화를 심어 놓고 괴석과 오래된 화분을 늘어놓아 달라고 했다. 또 동쪽에 있는 방에는 휘장을 걷고 책을 천여 권쯤 그려 주고, 구리 병에는 공작의 꼬리 깃털을 꽂고, 박산향로는 비자나무 탁자 위에 놓아 달라고 했다. 또 서쪽 방에는 창을 내어 애첩이 나물국을 끓이고 동동주를 걸러 신선로에 따르는 모습을 그리고 자신은 방 가운데의 보료에 기대어 책을 읽고, 그림을 그리는 이정과 다른 친구 한 명은 그 곁에서 즐겁게 웃으며 이야기를 나누어야 한다고 했다. 그때 옷차림은 두건과 비단신을 갖추고 도복은 입었지만 허리띠는 두르지 않아야 한다고 했다.

그것뿐 아니다. 드리워진 발 밖으로는 한 오라기 향연이 일고 두어 마리 학이 바위 위의 이끼를 쪼며 어린 동자가 비를 들고 떨어진 꽃잎을 쓸고 있는 것까지 요구했다. 그리곤 덧붙이기를 이렇게 하면 인생의 일이 모두 갖춰진 것(則人生事畢矣)이라고 했으니 참으로 꿈과 같은 집이다. 허균이 말하는 장면 외에 더 이상 무엇을 바라겠는가. 평화로우며 한갓진 선비의 생각이 감춤 없이 드러나 있지만 이 그림은 세상에 남아 있지 않다. 허균이 같은 해 2월 누군가에게 보낸 편지에 보면 이정은 세상을 떠났다고 되어 있기 때문이다. 원문에 이름이 빠져 있으니 편지의 주인공이 누구인지는 모른다. 하지만 편지를 보낸 시기를 미루어 보면 허균의 편지가 당도하자마자 이정은 세상을 떠난 것이다. 이에 허균은 통곡하며 피눈물을 흘린다. 또 이제 누구와 함께 물외物外에서 노닐 것인가라고 하며 풍류가 다한 듯하여 슬프기 짝이 없다고 했다.

그래서 허균이 마음속으로 그렸던 그 집은 영원히 꿈속의 집이 되고 말았다. 그림을 보지 못하는 것이 아쉽긴 하지만 글 속에서 선비들이 가꾸려 했던 마당에 대한 생각의 단편이나마 넌지시 볼 수 있으니 그 또한 고마운 일이다.

내 마음속의 마당 깊은 집

뜨락은 뜰이고 뜰은 마당이다. 그곳에는 꽃밭이 있고 텃밭이 있게 마련이다. 그러나 그 중 어느 하나가 없는 집도 있다. 부잣집일수록 꽃밭은 있으되 텃밭이 없고 가난할수록 텃밭만 있고 꽃밭은 언감생심이다. 집이라고 엉덩이 비빌 자리만 겨우 있을 뿐이어서 이도 저도 없는 집은 구석구석 화분만이 즐비하다. 그래도 우리 집은 그만그만하게 살았던지 마루 앞에는 꽃밭이, 마당을 가로질러 뒤란으로 가는 길목에는 텃밭까지 있었다. 기와로 지붕을 올린 집에서 태어나서 겨우 12년을 살았을 뿐이지만 난 우리 집의 그 오밀조밀했던 마당을 잊지 못한다. 대문을 열면 한눈에 차는 마당을 지나 댓돌이 놓인 곳까지 한달음에 달려갈 수 있을 만큼 넓지 않은 집이었지만 그곳에서 어린 시절을 보낼 수 있었다는 것이 나이 들수록 그렇게 고마울 수가 없다.

동장군이 물러가고 어느덧 날이 풀려 마루에 앉아 해바라기하는 시간이 길어질 즈음이면 겨우내 웅크렸던 우리 개구쟁이 형제들은 바빠졌다. 그만큼 함께 놀 수 있는 시간이 길어졌기 때문이다. 땀을 뻘뻘 흘리며 골목이나 마당을 헤집고 다니다가 문득 아버지를 보면 아버지 또한 바빠지기는 매한가지였던 것 같다. 하지만 그 까닭은 우리와 사뭇 달랐다. 겨우내 꽁꽁 얼어 있던 꽃밭이나 텃밭이 사람의 손길을 기다리고 있었기 때문이었다.

겨울이 시작될 무렵, 아버지는 마당이며 꽃밭에 있던 나무들에게 두툼

한 옷을 입혀 주었다. 그 옷을 만들던 아버지의 손놀림은 마술사의 그것과도 같았으며 지푸라기 몇을 집어 들고 엮는가 싶으면 벌써 나무는 고운 옷을 입고 있었다. 비록 짚으로 만든 옷이긴 했지만 중간을 질끈 동여매어 통통하게 보이기도 했었고, 하늘로 향한 끝에는 언제나 고깔과 같은 모자를 쓰고 있었다. 나무들은 그 옷 덕택에 겨우내 찬바람이 몰아치거나 하얀 눈이 소복이 쌓여도 무사히 살아남을 수 있었던 것이다. 아버지의 봄맞이는 그 옷을 벗기는 것에서부터 시작됐다. 나무가 입었던 지푸라기 옷은 꽃밭의 한쪽 언저리에서 불태웠고 재는 꽃밭에 뿌렸다.

그 일을 마치고 열흘이 채 지나지 않았을 어느 일요일 아침, 느지막하게 일어나서 감은 듯 뜬 새우 눈으로 고양이 세수를 하러 우물가로 향하면 어느새 아버지는 큰 책상 서넛은 될 법했던 텃밭의 흙을 갈아엎고 있었다. 얼굴의 물기를 닦는 둥 마는 둥 그 옆에 쭈그리고 앉아 "아부지요, 뭐하는데……"라고 물으면 "우리 지누 인자 일어났나. 여다가 토마토도 심고 고추도 심고, 보자, 지누 좋아하는 쑥갓도 심가야지. 그랄라마 이래 땅을 한번 엎어줘야 되는 기라. 겨울 내내 땅이 잠을 잤으이 깨와야지. 땅도 너것들 맨치로 자고 깨고 하는 기라" 그러면서 나에게도 작은 곡괭이를 넘겨주었지만 어린 나에게는 힘에 부치는 일일 수밖에 없었다. 그럼에도 낑낑거리며 한 고랑이나 일궜을까. 아버지는 "우리 아들 이래가 되겠나. 힘도 못쓰고 빌빌하네. 빨리 엄마한테 밥 돌라케서 묵고 나온나. 씨앗 사러 장에 가자"라며 빙긋이 웃고 계셨다.

나이 들수록 아버지와 어디를 함께 가는 것은 참 드문 일이지만 어릴 때는 아버지와 어디를 가는 것이 왜 그리 즐거웠는지 모른다. 아버지의 손을 잡고 깡충깡충 뛰다시피 시장에 가서 씨앗을 사오는 데는 그리 오랜 시간이 걸리지 않았다. 그리곤 아침에 일군 텃밭에 흙을 잘게 부수곤 그 위에 씨앗을 뿌리고 얼기설기 비닐하우스와 같은 것을 만들어 덮고 나니 어느덧 오후였다. 아무래도 일은 아버지가 다 한 것 같은데 힘은 내가 들고, 점심도 먹었지만 유난하게 배가 고프다고 여길 때쯤이면 어머니는 골목 어귀에 있던 국화빵 집에 가서 팥이 듬뿍 든 국화빵을 사왔다. 마루로 올라갈 필요도 없었다. 마당에 앉은 채 따뜻한 국화빵 대여섯 개를 한꺼번에 먹어 치우기는 식은 죽 먹기와 같았으니 말이다. 그 맛을 보고 난 다음 주 토요일, 난 괜히 마당을 어슬렁거리며 아버지가 돌아오기만을 기다렸다.

이번에는 꽃밭을 일궈야 하기 때문이었다. 좀더 솔직하게 말하자면 꽃밭을 일구고 나면 어머니가 사 주실 국화빵이 먹고 싶었기 때문이다. 아버지가 돌아오기 전, 난 서둘러 꽃삽을 들고 꽃밭을 이리저리 뒤집어 놓았고 아버지는 "하이고 우리 지누 인자 다 컷네. 이래 일도 잘하고. 여다 뭐 심으까"라며 꽃밭을 만들 준비를 했다. 그곳에는 채송화 그 옆에는 분꽃 담장 쪽으로는 봉숭아 또 저쪽에는 맨드라미하며 나름대로 꽃나무들의 키를 생각하고 나팔꽃과 수세미가 뻗어 나갈 방향까지 마당에다 꼬챙이로 그려 가면서 가늠한 다음에야 씨를 뿌리기 시작했고 나에게 그 시간은 무척이나 길었다. 빨리 씨앗을 뿌리고 호들갑을 떨어야 어머니가 애쓴다며 국화빵을 사올 텐데 아버지는 가만히 앉아 마당에다 그림을 그리다가 꽃밭을 한번 쳐다보며 굼뜨게 움직이고 있을 뿐이었으니 말이다. 그날도 난 우물가에서 두레박으로 물을 길어 오고 양철로 민든 물뿌리개로 아버지가 씨앗을 뿌리고 지나간 곳에다가 물을 뿌렸다. 그리고는 마침내 국화빵을 얻어먹는 데 성공했다. 꽃나무들에게는 조금 미안한 이야기지만 사실 그때는 꽃은 피거나 말거나 뒷전이었다. 내 머릿속에는 노릇노릇하게 피어난 국화빵이 꽃이 되어 어른거렸으니 말이다.

뜰 앞 석류나무 두 그루의 비밀

얼마 있지 않아 마당 한쪽 구석에 외롭게 서 있던 목련나무에 꽃이 달리기 시작했다. 그곳은 잠시 해가 들고 마는 응달진 곳이었으니 도리어 하얀 꽃이 눈부시도록 아름다웠다. 예로부터 우리들의 나무심기는 볕이 넉넉지 못한 곳에는 꽃나무를 심어 화사하게 만들고, 볕이 강한 곳에는 잎과 가지가 무성한 나무를 심어 그늘을 만들었다. 또 집 안 뜰에는 큰 나무를 심지 않는 법이며 대신 꽃나무를 가꾸었다. 집 주위로는 소나무나 대나무가 울창한 것이 좋다고 여겼다. 하지만 집 앞으로 큰 나무를 두는 것은 꺼렸다. 그것은 집 밖으로 나가려는 음기를 막고 동시에 집 안으로 들어오려는 양기마저 막는다고 생각했던 탓이다.

이는 나중에 알고 보니 음양상화陰陽相和였다. 아무리 작은 집 안이라 해도 그늘진 곳과 양지 바른 곳이 있게 마련일 텐데, 그 중 어느 것 하나 버리지 않고 서로 조화를 이룰 수 있게 나무를 심는 마음 씀을 지녔던 셈이다. 나무를 심는 위치를 말하는 '가훼명원전포치佳卉名園全布置'나 『산림경제』에 집 안에 나무를 두는 자리에 대해 말해 놓은 것이 있다. 그것에 따르면 소나무는 바위가 많은 곳에 심어야 하고, 벽오동은 정원의 동쪽에 두어 떠오르는 달빛을 듬뿍 받게 하라고 했다. 또 벽오동은 연못가에 두지 말아야 하고, 가장 먼저 봄을 알리는 매화는 물가의 높은 둔덕이 있는 곳에 두라 했다. 그런가 하면 붉은 복숭아나무는 우물과 같은 물가를 피

해 동쪽 담 아래에 두라고 했으며 복숭아가 달린 가지가 담에 걸릴 듯 말 듯 밖으로 넘어가도록 가꾸어야 멋스럽다고 했다. 진딧물이 많이 생기는 복숭아나무가 우물가에 있으면 그곳으로 진딧물이 떨어져 물이 더럽혀질 수 있다는 생각 때문이었을 것이다. 또 봄이면 선홍빛 꽃을 피우는 진달래를 심거들랑 응달진 곳이나 큰 나무 그늘에 심으라 했고, 가을이면 짙은 향기로 집 안을 감싸는 국화는 동쪽 울타리 곁에 심으라 했다.

그리고 집 안에 사철 푸른 나무를 두는 경우는 드물었다. 늘 살아 있는 푸른 것에다 대고 가지치기를 하기가 힘들었던 까닭이다. 그것은 집 안에 아주 큰 나무를 두지 않는 것과도 통한다. 나무가 커져서 지붕을 가리는 것을 좋지 않은 것으로 여겼으며, 울타리를 경계로 집의 안과 밖을 구분하는데 그 곁에도 당연히 나무를 심었다. 동쪽에는 자두나무나 복숭아 그리고 버드나무, 북쪽에는 벚나무와 살구나무, 치자와 느릅나무는 서쪽에, 남쪽에는 매화와 대추나무를 심으라 했다. 그리하면 풍수지리에서 이야기하는 청룡·백호·주작·현무를 대신하므로 터가 좋지 않아 치우친 음양오행을 바로 잡을 수 있다고 믿었다. 이는 오행의 다섯과 오방 그리고 오색을 서로 빗댄 것이다. 동쪽은 청룡이며 푸른색을, 서쪽은 백호이며 흰색을, 남쪽은 주작이며 붉은색을 그리고 북쪽은 현무이며 검은색을 말하는 것이다. 각각의 방위에 맞는 색깔의 잎이나 열매를 지닌 나무를 맞춰 심어서 집터의 부족한 기운을 돋우려 했던 것이다.

또 중문 앞에 느티나무를 세 그루 심으면 집으로 복이 들어온다고 했으며 뜰 앞에 석류나무를 두 그루 함께 심으면 집안에 자손이 번성하다고 했으며, 중문이 있는 곳에 회화나무나 느티나무와 같은 것을 심으면 삼대가 부귀해진다고 했다. 그러나 우리 집 마당엔 매화가 없었다. 대신

이른 봄, 그득히 피었던 살구꽃잎이 한 잎 두 잎 땅으로 떨어지기 시작할 무렵 어머니는 돗자리를 깔거나 마당에 있던 평상을 깨끗이 닦고는 우리 형제 모두를 그곳으로 데려가 책을 읽어 주곤 했다. 고만고만한 아들 넷이 서로 몸을 비비며 어머니 무릎을 베고 누워 이솝우화를 듣다 보면 꽃잎 한 장이 나풀나풀 얼굴 위로 떨어졌다. 바로 그때였다. 우리 모자의 행복한 책읽기는 우리 집을 무시로 드나들던 옆집의 수다쟁이 아줌마 명희 엄마로부터 깨져버렸다.

 "하이고, 이 집은 뭐 하노. 책 읽나. 우짠 일이고 야들이 오늘은 전부 다 있구로. 임마 이거 우리 집에 하나 주마 안 되나. 지누 니 내하고 우리 집에 가서 살자. 맛있는 것도 마이 주고 하꾸마." 그 아줌마는 언제나 나만 보면 자기 집에 가서 같이 살자고 했다. 그 집에는 딸만 둘이었고 우리 집은 아들만 넷이었기에 툭하면 나를 자기 집으로 데려가려 했고, 난 그때마다 어머니 등 뒤로 숨어서 눈물이 그렁그렁했다.

 "이 집은 우째 이래 아들을 줄줄이 넷이나 낳는고 몰라." 명희 엄마는 우리 어머니만 보면 늘 아들타령이었다. 어머니가 나를 보듬고 명희 엄마에게 한마디한다. "그 집에도 석류나무 한번 심어 봐라. 그라마 아들 놓는다 카더라. 우리 어무이가 거 카던데 마루에서 내려오는 앞뜰에다가 석류나무 두 그루 같이 심어 노마 아들 놓는다 카더라. 우리 집에 저 정지 앞에 석류나무 두 그루 안 있더나." 그러고 보니 정말 여름이면 시어서 눈을 질끈 감고 먹어야 했던 빨간 석류가 달리던 나무 두 그루가 마당에 나란히 서 있었다.

 홍만선(1643~1715)이 쓴 『산림경제』나 서유구가 쓴 『임원십육지』에 따르면 앞뜰에 석류나무를 두 그루 나란히 심으면 석류 알처럼 자손이 많아지고 그 자손들이 하나같이 영특해진다고 했다. 후에 아버지로부터 들은 이야기지만 그 석류나무는 두 분이 결혼하여 제금날 때 할아버지가 몸소 심었다고 했다. 그렇지만 명희네 마당에는 모과나무와 오동나무만 덩그렇게 있었을 뿐 그 후에도 석류나무를 심지 않았고 명희의 남동생도 태어나지 않았다. 하지만 그 집에 자귀나무라도 몇 그루 심어 놓았으면 어땠을지 모른다. 야합화夜合花라 불리기도 하는 자귀나무는 부부의 애정이 더해진다고 했으니까 말이다.

동산바치들이 가꾼 뒷마당

조선 초기의 문신인 인재仁齋 강희안(1417~1464)이 쓴 『청천양화소록菁川養花小錄』의 부록격인 「화암수록花巖樹錄」에는 「화목9등품제花木九等品制」와 「화품평론花品評論」이 나온다. 「화목9등품제」는 화목의 종류를 9가지로 나누어 놓은 것이고 「화품평론」은 화목을 9품으로 나누어 스물다섯 가지의 꽃에 대해 이야기하고 거기에 솔(松)과 대(竹), 그리고 파초芭蕉 셋을 더하여 모두 스물여덟 가지를 벗으로 삼았다고 했다.

　강희안은 나무 중 으뜸을 소나무와 대나무 그리고 연꽃과 국화, 매화를 쳤다. 버금으로는 모란 그 다음이 사계화, 얼계화, 왜정촉, 영산홍, 진송, 석류, 벽오동 따위이다. 네 번째로 친 것은 작약, 서향화, 노송, 단풍, 수양, 동백 다섯 번째는 치자, 해당, 장미, 홍도, 벽도, 삼색도, 백두견, 파초, 전춘라, 금잔화 여섯 번째는 백일홍, 홍정촉, 홍두견, 두충 일곱 번째는 이화, 은행, 보장화, 정향, 목련 여덟 번째는 탁계화, 산단화, 옥매, 출장화, 백유화 그리고 마지막 아홉 번째는 옥잠화, 불등화, 연교화, 초국화, 석죽화, 앵두각, 봉선화, 계관화, 무궁화이며 그들은 모두 일품 이품 하는 식으로 구품까지 나뉘어 있다.

이름 모를 꽃들이 더러 있지만 사계화와 월계화, 보장화는 장미의 종류이며 서향화는 천리향, 백일홍은 목백일홍을 가리킨다. 두충은 사철나무, 정향은 요즈음 말하는 라일락으로 수수꽃다리라는 이름으로 불리기도 했던 나무이다. 출장화는 황매화로 다르게 죽도화로도 불리며 울타리에 흐드러지게 피어나던 개나리가 바로 연교화이다. 마지막 구품은 모두 본초에 해당하는 것들이어서 이름 알기가 쉽지 않다. 그 중 전춘라는 봄에 노란 꽃을 피우는 들꽃인 동자꽃이며 촉계화는 닥풀, 그리고 양귀비 꽃을 앵두각, 맨드라미를 계관화라 불렀다.

그러면 이런 꽃나무들을 심었던 집 안의 마당은 도대체 어떤 것들이 있었을까. 우리 집에는 겨우 앞마당과 뒷마당이 있었을 뿐이지만 집의 규모가 커질수록 바깥마당, 행랑마당, 사랑마당, 중문간 마당, 안마당, 앞마당, 옆마당, 뒷마당이 있게 마련이었다. 이들 중 가장 신경을 써서 가꾼 곳은 단연코 뒷마당이다. 전정前庭이라고도 하는 바깥마당은 대문간 앞이라 여염집에서는 농사지은 것들을 널어 말리거나 하는 공공적이며 생산적인 공간으로 사용하였기에 별 치장이 없었다. 이는 문정門庭인 행랑마당도 마찬가지였다. 외부인의 출입이 잦은 곳으로 이곳 또한 공공적이며 생산적 기능을 지닌 마당이었다. 외정外庭인 사랑마당은 그 집의 바깥주인이 머무는 사랑채의 앞마당으로 연회나 집회가 벌어지던 곳이니 이곳 또한 생각 밖으로 치장을 하지 않은 채 놓아두는 빈 공산이었다. 다만 담 둘레로 몇 그루의 나무나 기이하게 생긴 괴석 같은 것을 놓아 주인의 품성을 보이는 것이 고작이었다.

안마당인 내정內庭은 부인네들이 머물며 살림에 필요한 일을 하는 공간이었으므로 나무를 심는 치장은 엄두를 내지 않았다. 마지막으로 후정後庭은 뒷마당, 뒤란이다. 우리들의 마당 중 그곳은 가장 사적인 공간으로써 갖은 치장으로 가꾸어 멋을 부린 곳이다. 경북궁의 교태전 뒷마당을 아미산이라 하는데 아미산은 본디 신선이 사는 산을 일컫는 말이다. 이는 작은 동산으로 궐내에서 밖으로 자유롭게 드나들지 못하는 여인들을 위해 화초와 과실수를 심은 곳이다. 흔히 비원秘苑이라 부르는 곳 또한 창덕궁의 뒤뜰이다. 이로 보면 궁궐이나 반가처럼 규모가 큰 집들은 모두 마당 중에서도 뒷마당의 꾸밈에 많은 신경을 썼고 일반 여염집에서는 한눈에 대뜸 보이는 앞마당에 나무 한두 그루 심는 것으로 마당 꾸밈을 그쳤던 것을 알 수 있다.

이는 동산바치라는 우리말에서도 찾아볼 수 있는데 동산바치는 지금으로 말하면 정원사와 같다. 그들을 가리키는 말에 동산이 들어 있는 것은 일하는 장소가 모두 작은 산이었기 때문이다. 그리고 우리네 정원 배치로 보면 대개 뒷마당에 작은 산을 두었고 그것은 주인이 직접 관리하기 수월치 않은 노릇이었을 터, 그 집의 마당 중 치장에 신경을 가장 많이 쓰는 작은 동산을 오르내리며 집 안의 모든 나무를 돌봐 주는 사람을 동산바치라 불렀던 것이다. 그들은 집주인들의 소중현대小中顯大, 곧 작은 것에서 큰 것을 보려는 마음을 헤아려 동산을 가꾸었을 것이다. 또 집주인들은 정원에 연못을 파고 봉래선산을 만들었지만 가까이는 돌로 만든 석조를 두는 것을 즐겼다. 그 석조들마다 이름을 지어 부르기를 마다하지 않았는데, 대개 붉은 노을이 담기는 낙하담落霞潭이나 둥근 보름달을 담는 함월지含月池라는 거창한 이름을 붙이는 것을 즐겼다. 그것은 곧 자연을 마당 안으로 끌어 오려고 한 마음의 표현이었을 것이다.

서양 또한 정원에 산을 만들기는 마찬가지이다. 신바빌로니아의 네부카드네자르 2세가 왕비인 아미티스를 위해 만들었다는 바빌론의 공중정원空中庭園이 그것이다. 나는 이 정원이 하늘에 떠 있는 것인 줄 알았다. 그러나 현수원懸垂園 또는 수하원垂下園이라고도 불리는 그것은 바빌론의 성벽에 만든 것으로 멀리서 보면 마치 공중에 솟아 떠 있는 것으로 보일 뿐 우리들의 동산과 그 개념이 다를 것이 없다. 다만 차이가 있다면 우리는 봉긋하게 솟아오른 동산이며 그 규모가 작았지만, 공중정원은 계단식이며 그 규모가 컸다는 것뿐이다.

석류를 주었던 그리운 희면이

이로 보면 마당은 다분히 사회적인 공간이다. 사회적 공간이란 여러 사람들이 공동으로 사용하는 것이고 그것은 집의 주인 격인 사람들과 이웃 그리고 손님들이 모두 함께 사용하는 공간이라는 것이다. 그 중에서도 뒤뜰, 후정은 개인적인 공간이어서 아무나 불쑥 들어오지 못하게 하여 놓고 집안사람들만 즐겼던 개인적인 공간이었던 것을 알 수 있다.

우리 집에도 뒤뜰이 있어 그곳에 갖은 꽃들이 소담스럽게 피었다면 어머니는 우리들을 그곳으로 데려갔을 것이고, 명희 엄마가 그렇게 불쑥 들어와 아들타령을 하며 책읽기를 방해하지는 못했으리라. 앞뜰의 모란꽃도 툭툭 힘없이 떨어지고 다시 꽃이 피고 시기를 서듭할 즈음 아버지의 손에는 호미가 들려 있었다. 이번엔 꽃밭이 아니라 텃밭이었다. 대문간에서 오른쪽으로 있었던 텃밭에는 지난해 토마토와 오이, 호박과 깨,

고추와 쑥갓, 상추가 발 디딜 틈 없이 빼곡하게 고랑을 메우고 있었다. 아직 익지도 않은 토마토를 몰래 따먹고 혼이 났던 기억이 있던 나에게 아버지는 "지누야, 인자는 전부 다 골고루 나눠 무라, 니 혼차마 그래 무마 안 되는 기라. 물 꺼 있으마 동생들부터 먼저 주고 그라고 니가 무야지. 그래야 형인 기라, 인자 한 살 더 묵었으니까 그라지 마라. 이거는 호박인데 어데 심으까. 지누 니가 자리 잡아 봐라" 했다. 그렇게 한참을 일하고 나니 이번엔 텃밭에도 꽃이 피는 것이 아닌가. 그 맛난 노릇노릇 탈 듯 말 듯 잘 구힌 국화빵 꽃 말이다.

사실 아까부터 일하기가 싫어서 우물에서 물 한 두레박만 길어다 놓고는 한쪽 옆에서 "두껍아, 두껍아 헌집 줄게 새집 다오"를 하고 있었던 중이었으니 반갑기는 말할 수 없을 지경이었다. 마치 국화빵을 먹고 나면 열심히 일할 것처럼 맛나게 먹고는 슬금슬금 줄행랑을 놓아 골목에서 한껏 놀고 들어오니 텃밭은 가지런해지고 마당은 조용했다. 며칠 후 아버지가 아침부터 나를 깨워 텃밭 앞에 불러 세웠다. "저거 봐라. 저거 그때 지누 니가 심은기다. 싹이 나왔제." 아버지가 가리키는 곳에는 갈아엎은 땅을 비집고 고깔을 쓴 채 여린 새싹이 나오고 있는 것이 아닌가. 귀엽디 귀여웠던 그것. 아직도 기억 속에 생생하다. "저기 인자 크마 작은 나무가 되고 꽃이 피마 거서 고추가 달리는 기라. 저 옆에도 나오네, 저거는 지누 니가 좋아하는 토마토다. 희안하제. 저거는 가지, 고 옆에 저거는 오이네." 아버지는 열심히 설명을 했지만 나는 서서 꾸벅꾸벅 졸다가 혼자 놀라서 흠칫하다가 아버지 손에 끌려 꽃밭으로 가야 했다. 또 긴 설명은 시작되었지만 나는 계속 졸기만 했다.

그날 학교에서 돌아온 후, 친구들을 잔뜩 데리고 마당으로 들어와서는

폼을 잡기 시작했다. "니 저거 뭔지 아나." "……" "임마, 저기 토마토다. 저 옆에 저거는 뭔지 아나. 저거 맞추는 사람 토마토 열리마 한 개 준다." 상품을 내 걸어도 아는 아이들은 없었고 졸면서 들은 기억으로 난 친구들 앞에서 잔뜩 어깨에 힘을 줄 수 있었다. 그해 여름 내내 토마토와 석류를 한 개라도 얻으러 아이들은 우리 집 마당을 기웃거렸다. 물론 나는 그들에게는 하나도 주지 않았다. 그 전해에 식구들 몰래 내가 땄던 토마토나 석류는 내 마음을 사로잡았던 희면이라는 이름을 가진 눈이 예쁜 여자아이에게 모두 갖다 주었다. 그 덕에 나는 희면이와 친하게 지낼 수 있었고 아이들은 부러움 반 질투 반의 눈길로 나를 쳐다보곤 했다. 그러니 그녀의 환심을 사기 위해 그해에도 여전히 희면이에게 갖다 주었던 것이다.

그해 여름 우리는 대청 앞에 발을 내걸지 않았다. 아버지가 나팔꽃을 심었기 때문이다. 아버지가 대나무를 쪼개 마당에 꽂고 사다리를 놓고는 처마 끝으로 줄을 치며 얼기설기 무엇을 만드는가 싶었는데 어느새 나팔꽃은 그 줄을 타고 지붕으로 올라가기 시작했다. 밤새 웅크리고 있던 보랏빛 나팔꽃은 아침이 되면 스르르 펴져 활짝 피어나니 몹시 신기하기만 했다. 여름이 깊어지고 방학이 끝날 때까지 우리 집 마루 앞에는 그 어떤 발보다도 멋진 꽃발이 쳐진 것이었다. 그 안에서 선풍기 틀어 놓고 텃밭에서 따온 토마토를 먹거나 얼음 둥둥 띄운 수박화채를 먹던 일은 두고두고 잊지 않는 나의 아름다운 정경이다. 어찌 그것뿐이었는가. 그 줄을 따라 조롱박이 주렁주렁 달렸으니 그것이 잘 여문 다음에는 흥부가 박을 타듯이 조심조심 반으로 잘라 물독이나 간장 항아리에서 쓸 바가지를 만들곤 했으니 그것 또한 얼마나 흥미로운 일이었겠는가. 이 모두 마당이 있어 가능했던 일이다. 마당, 참 고마운 것이었다.

06
지붕 이야기

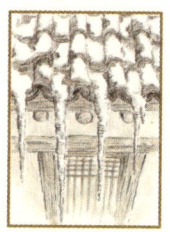

수막새에 새기고 싶은 할아버지 얼굴

계곡 장유 선생의 지붕

장유 선생의 시 한 편 읽는다. 「큰 눈(大雪)」이라는 제목으로 두 수를 지었다.

> 북풍에 몰려 휘날리는 눈보라 하늘 가득 / 초가지붕 하루 밤새 짓눌려 무너질 듯 / 찬바람은 윙윙 고목나무에서 울어대고 / 창가엔 어느덧 뿌연 새벽 기운 / 새로 난 길 느지막이 물 길어오는 시골 아이 / 아궁이 재 걷어 내고 아낙네 아침 짓네. / 보리 싹 깊이 묻혀 얼어 죽지 않을 테니 / 맥추麥秋 돌아올 때 풍년은 따 놓은 당상이네.
>
> 어니가 하늘이고 어니가 바다인지 구름마저 낮게 드리우고 / 눈보라에 바람까지 함께 위세를 부리누나. / 골짜기에 숨은 용들 얼어 죽는다 소리치고 / 추위에 떠는 참새들 빈숲에 툭툭 떨어지네. / 비탈진 오솔길 어디가 어디인

지 / 키 작은 울타리들 가지런히 묻혀 있네. / 관솔불 태우면서 화로만 껴안을 뿐 / 병든 몸 나 홀로 패교시灞橋詩를 못 읊누나.

한 편은 눈 내리는 날의 집 안 분위기를, 다른 한 편은 집 밖 정경을 묘사한 것이다. 겨울의 정취가 새록새록 살아나는 아름다운 글이다. 맥추라는 것은 보리를 수확할 즈음을 말하는 것이다. 또 『전당시화全唐詩話』5 「정계鄭綮」에 시흥은 바람 불고 눈 내리는 날 말을 타고 패교 위를 거닐 때에 생기는 것이라고 했으니 패교시는 눈 오는 날 밖에 나가 한껏 노닐면서 짓는 시를 말한다. 장유 선생은 남달리 자신의 집을 묘사하는 시를 많이 지었다. 외따로 홀로 지내던 초가을, 그가 자신의 아내를 생각하며 시를 지었는데 "함께 살아가는 거사의 늙은 아내 / 짧은 처마 낮은 지붕 마치 닭 집과 흡사한데 / …… / 채소 국에 거친 밥이라도 배불리 먹인 적이 있던가……"라고 했다. 비록 한 구절이지만 자신이 살고 있는 집과 스스로의 처지가 잘 드러나 있다.

그런 그가 어느 날은 집을 수리했다. 수리가 아니라 아예 다시 지었다고 하니 그 기쁨인들 오죽했겠는가. 그 기쁜 마음을 「집을 새로 짓고 흥에 겨워 짓다(茅屋新成漫詠)」라는 시로 남겼다.

초가집 그저 몇 칸짜리 / 그래도 짓느라 고심하였네. / 가을엔 갈대 꺾어 지붕을 덮고 / 겨울엔 나무들로 방풍막 삼아야지 / 단청으로 화려하게 꾸미진 못했어도 / 비바람은 충분히 막을 만하고 / 도깨비 엿볼 일도 없어졌으니 / 얼마나 다행인가 나의 안식처 / 화려한 집 깊숙이 진흙을 물어다가 / 내 집인 양 생각하는 제비들 부럽잖아 / 산새들에 비하면 그래도 조금 낫지 않나

/ 둥지 없이 빈숲에 모여 사는 걸.

도깨비 엿볼 일도 없어졌다는 것은 전에 살던 집이 그만큼 허름해 마치 폐가와도 같았다는 것을 암시하는 것이다. 도깨비들은 제대로 번듯한 집에 모여 사는 것이 아니라 마을 밖의 버려진 집에 모여 사니 말이다. 이만하면 장유라는 이름을 처음 듣는 사람들도 그의 됨됨이를 어림으로 짐작할 수 있을 것이다. 집은 풀로 지붕을 덮은 초가이며 갈대를 꺾어 지붕을 올린다 했으니 아마도 억새를 두툼하게 지붕으로 올리는 샛집과 그 모양이 비슷했지 싶다. 또 나무들로 한겨울 찬 바람을 막는다고 했으니 집은 대나무나 소나무에 둘러싸여 있지 않았을까 싶기도 하다. 요즈음 생각하면 초가집 한 채 지어 놓고 뭐 그리 호들갑이냐 할 수도 있겠다. 그러나 그는 오히려 집도 없이 숲 속을 떠도는 산새들보다 자신의 처지가 한결 나은 것을 즐거워하고 있으니 참으로 아름다운 마음이며 생각이다.

그러나 그가 이 집을 짓고 있을 때 마침 허생이라는 친구가 찾아왔던 모양이다. 「허생이 책 보따리를 매고 멀리서 찾아왔는데 내 집을 수리하는 공사가 아직 마무리되지 않아 머무르게 할 수가 없었으므로 떠날 즈음에 이 시를 지어 선물로 주다(許生負笈 遠來 以茅屋未成不能留 臨分贈此)」라는 긴 제목의 시를 지었다.

공곡空谷에 도피한 듯 적막한 나의 생활 / 술 싣고 독옹禿翁 찾아 준 그대 보기 부끄립소. / 지붕에 띠 풀 한 줌 미처 잊지 못해서 / 너무도 총총히 돌아가게 하는구려.

『장자』에 공곡족음空谷足音이라 했으니 이 시에서 말하는 공곡 또한 그와 다르지 않을 것이다. 텅 빈 골짜기, 곧 세상 소식을 알지 못하고 살아가는 이에게 들리는 발자국소리는 그 얼마나 기쁜 것이겠는가. 더군다나 아무런 권력도 없는 늙은이를 칭하는 독옹에게 책과 술을 싣고 찾아왔으니 그에게 가르침을 구하러 온 것 아니겠는가. 그러나 그를 머물게 하지 못하고 떠나보내게 된 것은 또 얼마나 가슴 아픈 일이었을까. 다음에 다시 그 허생이라는 사람이 장유 선생을 찾았는지는 모를 일이지만 그가 돌아가게 된 까닭은 집을 수리하며 아직 지붕을 채 이지 못했기 때문이었다.

곰곰 생각해 보면 갈 데 없이 떠도는 사람들은 대개 하늘을 지붕 삼는다고 한다. 하지만 그것이 낭만적 표현만은 아니다. 그것은 반대로 집이라는 것은 하늘을 가릴 지붕이 있어야 하는 것이고, 집이라는 것이 지니는 의미 중에 하늘을 가릴 수 있다는 것이 그 으뜸이라는 것을 말하는 것이다. 비바람을 가리는 것이 집이라면 사람들의 의식 속에는 비바람이 옆에서 들이치는 것이 아니라 하늘로부터 내려온다고 믿었던 까닭이다. 그러니 장유 선생은 미처 지붕을 올리지 않은 집에 허생을 머물게 할 수 없었던 것이다.

고드름은 하늘이 주신 선물

어릴 적이었다. 하염없이 눈이 내린 다음날이면 어린 우리들은 신이 났지만 새벽같이 우리 집으로 건너오신 할아버지는 근심이 한 아름이었다. 마당의 눈을 치우면서도 연신 지붕을 향해 걱정을 내놓으시는가 하면 망아지처럼 뛰어다니는 우리들더러는 눈을 밟지 말고 방으로 들어가라는 말을 잊지 않으셨다. 하필이면 그날따라 심술궂은 바람이 몰아쳤을까. 더군다나 동장군이 기승을 부려 쌓인 눈이 며칠이고 녹지 않을 양이면 할아버지의 걱정은 고스란히 아버지의 몫이 되곤 했다. 급기야 아버지는 사다리를 받치고 지붕으로 올라가 눈을 쓸어내느라 진땀을 흘려야 했으니까 말이다. 그러나 그 일이 할아버지와 아버지에게는 걱정스럽고 고된 일이었을지 모르지만 우리 개구쟁이들에게는 더없이 신나는 일이었다. 아버지가 한 무더기씩 아래로 던지는 눈을 받거나 그 위에 뒹구는 일은 무척 재미있는, 음식으로 치면 별미와도 같은 놀이였기 때문이었다.

하지만 치우기 무섭게 눈은 다시 내렸고 한낮에 잠시 녹는가 싶더니 찬바람을 만나면 처마 끝에는 어김없이 고드름이 달리곤 했다. 주렁주렁 기왓골을 따라 하나씩 달리던 고드름, 귀마개에 벙어리장갑으로 중무장한 우리 형제들은 어느새 처마 밑에 쪼르르 모여 고드름을 하나씩 떼고 있었다. 그것이 입 속으로 들어가는 데에는 누가 먼저랄 것도 없었다. 마치 아이스케키를 빨아먹듯 자연산 얼음과자를 먹는 것이다. 그 중 긴 것을 들고는 칼싸움을 하듯 겨루다가 뒤란에 묻어 놓은 김치를 꺼내러 가던 어머니에게 들키고 말았다. 어머니는 기겁을 하며 야단을 쳤지만 그것이 반드시 고드름이 비위생적이기 때문만은 아니었다.

한바탕 야단을 맞고 풀이 죽어 방으로 들어가면 아랫목에서 화로를 끼고 계시던 할머니는 "내 토께이 새끼들 와 또 이래 죽을상이고"라며 토닥거려 주었다. 그러면 내가 나서서 울먹이는 소리로 "고드름 따 묵고 있는데 엄마가 막 뭐라 카잖아"라고 일러바치곤 했다. 할머니는 화롯가에 다가앉은 우리에게 "그거는 너거가 잘못한 기다. 처마에 고드름 붙어 있는

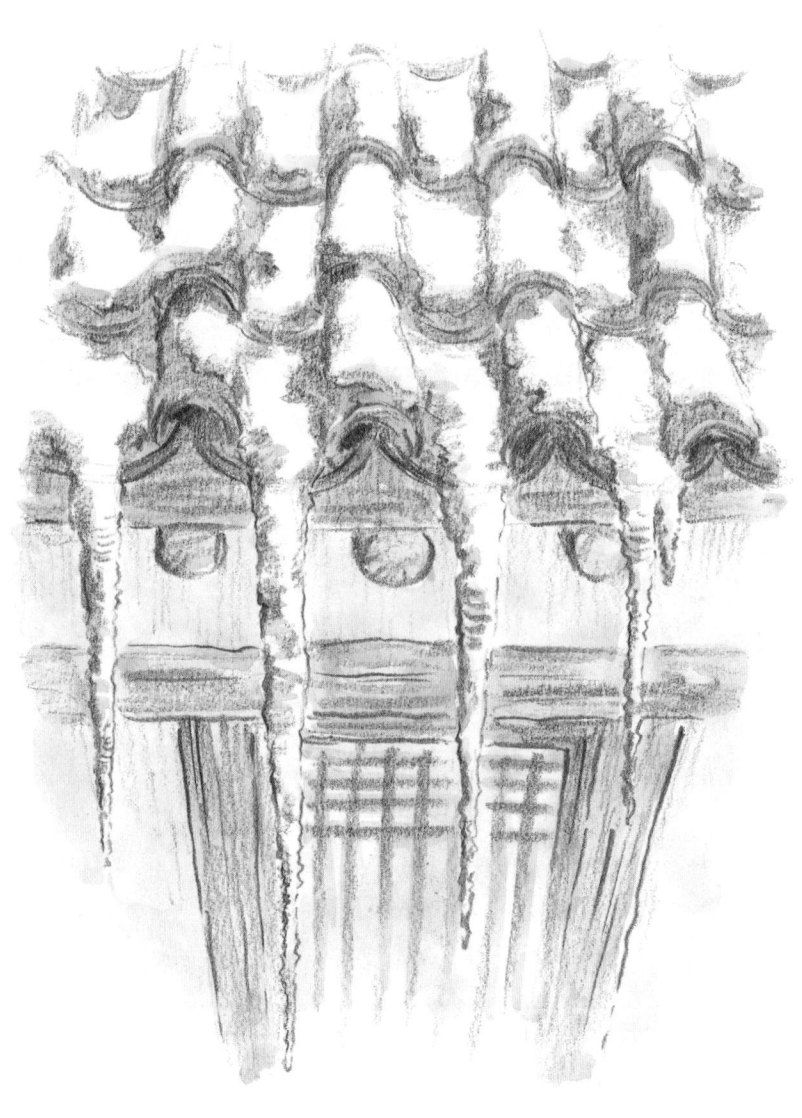

거는 집에 복이 붙은 기라. 그러이 따마 안 되지. 그기 길마 길수록 집이 부자가 되는 긴데. 고마 그걸 따 묵어 뿌리께네 엄마가 야단을 하는 기지. 옛날, 옛날부터 촌에서는 고드름 붙은 거 따마 일 년 농사도 잘 안 된다 켔다. 그라이 인자 그라지 마라. 집에 복이 마이 들어오고 돈도 마이 있어야지, 그런나 안 그런나"라고 말씀하셨다.

왜 그럴까. 할머니나 할아버지들이 해준 이야기들의 근거를 찾아내는 것은 참으로 만만치 않은 일이다. 그것은 이론이나 학설 혹은 문헌상의 기록을 찾아내는 것으로 해결되는 것이 아니라 그것을 바탕으로 무한한 상상력을 동원해야 하는 일이기 때문이다. 머리가 굵어진 어느 날, 문득 그 고드름에 대한 궁금증이 동했다. 그리곤 방 안 가득 상상력을 풀어놓았다. 답은 의외로 간단했다.

우리네 집은 삼재사상에 따라 지어진 것이 그 까닭이었다. 삼재는 하늘과 땅과 사람이다. 땅은 주춧돌이고 사람은 기둥이며 하늘은 지붕이다. 그리고 세상의 모든 복은 하늘에서 온다. 또 세상에서 가장 위대하거나 존엄한 것은 하늘에 있다고 믿은 것이 우리 조상들이었다. 그 하늘에 가장 가까운 것이 지붕이고 지붕의 선들이 모두 모나지 않고 부드러운 곡선을 지니고 있는 까닭 또한 천원지방天圓地方, 즉 하늘은 둥글고 땅은 모나다는 생각에 충실한 것이었던 셈이다. 생각해 보라. 지붕이라는 것은 하늘이라는 몹시 큰 원의 한 부분을 잘라 낸 것이다. 용마루의 끝이 아래로 처진 초가지붕은 하늘의 윗부분을 자른 것이고, 용마루 끝이 치켜 올라간 기와지붕은 하늘의 아랫부분을 자른 것이다. 그러니 우리의 지붕은 직선도 아닌 것이 그렇다고 의도적인 곡선이라고도 하기 뭣한 현수선懸垂線인 것이다. 그것은 자연, 그 자체이다.

이렇게 보자면 지붕은 당연히 집에서 가장 귀한 곳이다. 그리고 그것은 하늘과 인간이 소통할 수 있는 통로이기도 했다. 예전에는 지붕의 용마루 가운데에 기와 두 장을 여덟팔八자 모양으로 세워 놓기도 했다고 한다. 이는 하늘의 기운을 그곳을 통해 받으려 했던 것이다. 그 모양이 잘 남아 전하지는 않지만, 전남 장흥에 있는 구산선문 사찰인 가지산 보림사에서 볼 수 있다. 보림사 대적광전에는 쇠로 만든 비로자나불이 앉아 있는데, 그 지붕의 용마루 한가운데에 뜻 모를 연꽃 한 송이가 피었다. 바로 그것이다. 그곳을 통해 하늘의 신성한 기운을 받아들이려는 것이다.

서울의 창덕궁 가장 깊숙한 곳에 있는 대조전은 이름조차 큰 것을 만든다는 뜻을 지니고 있다. 그곳에는 왕비가 머물렀고 그래서 따로 중전 또는 중궁전이라고도 했다. 왕비가 만들 수 있는 큰 것은 무엇이었을까. 바로 왕가의 대를 이어 나갈 왕자를 생산하는 일이었다. 그래서 그곳에는 아예 용마루조차 없다. 대군을 생산할 중전은 하늘의 기와 복을 걸림돌 없이 듬뿍 받아야 한다는 뜻이다. 용마루가 집의 가장 높은 곳에 있어 하늘과 땅의 경계를 가르는 것이기에 음양의 조화를 가로막는다 하여 만들지 않은 것이다. 이때의 음양은 왕과 왕비이다. 그들이 잠을 자는 곳이니 하늘과 맞닿아야 한다고 여겼던 것이다. 이는 경복궁의 교태전이나 창경궁의 통명전도 마찬가지이다.

양철지붕을 두드리던 빗소리

지금 와 생각하니 그렇듯 귀한 지붕의 끝이라 할 수 있는 처마 끝에 달린 고드름은 남다른 의미를 지닐 수밖에 없는 것이었다. 하늘이 드물게 주시는 선물과도 같은 복을 개구쟁이 사내 녀석들이 똑똑 부러트리고 있었으니 어려운 살림 꾸려가느라 마음고생이 적지 않았을 어머니가 속이 상하지 않았을 수 있었겠는가. 당연히 야단맞아야 했던 일이다.

그러나 오늘날 사람들은 지붕이 있기는 있으되 그것을 잃어버리고 사는 경우가 태반이어서 그런 일로 개구쟁이들을 야단칠 일은 없을 것 같다. 요즈음의 가장 대중적인 주거형태라 할 수 있는 다세대주택이거나 아파트이거나 간에 공동주택의 꼴을 하고 있는 집은 모두 지붕이 없다고 봐야 한다. 아니 있다고 하더라도 층층이 같은 지붕을 이고 사는 꼴일 뿐 저마다의 지붕이 아니라 겨우 천장만 지녔을 뿐이다. 그것은 일상적인 대화에서도 드러난다. 소식이 뜸했던 친구를 만나 어디 사느냐고 물으면 개중에는 제법 성공해 번듯하게 지붕을 올린 집을 지니고 있는 친구들도 있지만 대개는 아파트나 빌라라고 대답하기 일쑤다. 그리고 우리는 그것으로 그 친구의 성공과 부의 정도를 가늠하기도 한다.

그러나 예전에는 그렇지 않았다. 모두 지붕의 모양을 가지고 대답하고 또 가늠하곤 했다. "저기 큰 나무 아래 기와집 하나 보일 걸세. 그곳이 내 집이야." 그러나 나처럼 떠돌기 좋아하고 풍광 좋은 산천경개 있으면 천릿길 마다 않고 달려가는 사람들은 풀로 엮은 지붕을 올린 초가집이라도 있으면 다행이었다. 기와와 풀은 지붕의 재료이고, 그 재료는 곧 그 사람이 지닌 부의 축척이나 신분을 가늠하거나 집의 이름을 가르는 경계가 되곤 했던 셈이다.

제법 살 만한 사람들은 집의 규모에 맞게 기와를 주문하여 지붕을 올렸다. 그런가 하면 산골에서는 벼농사가 없으니 지천으로 피어나는 억새를 잘랐다. 가을걷이가 모두 끝나고 겨울이 닥치기 전 잠시 한갓진 틈을 타서 두툼하게 지붕을 이었다. 새집이다. 그보다 더 깊은 산골로 들어가면 흔하디흔했을 나무를 기와처럼 툭툭 잘라 지붕을 올렸다. 너와집이다. 마침 집 근처에 참나무라고 부르는 굴참나무가 많으면 처서를 전후해 나무껍질을 벗겨서 찬바람 불 때까지 말렸다가 지붕을 올렸다. 굴피집이다. 입성이라도 제대로 입으려면 집 근처에 대마를 심어 그것으로 삼베를 짜야 했다. 삼베는 대마 껍질을 벗겨 말린 것으로 실을 삼아 짜는 옷감이다. 대마는 한여름에 거두어들이는데 그 키가 사람 키 한 길을 거뜬히 넘을 정도로 무성히 자란다. 삼굿에서 대마를 찌고 껍질을 벗기고 나면 남는 대마의 속대를 겨릅이라고 불렀는데, 쇠똥도 버리기 아까운 살림에 그것을 그냥 버릴 수는 없었다. 삼 농사가 많다는 것은 벼농사가 없다는 것과 같다. 그러니 그 아까운 새하얀 겨릅을 지붕으로 올렸다. 겨릅집이다. 어디 그뿐인가. 집 근처 산에서 반듯반듯한 청석이라도 푸지게 나면 구들장처럼 편편한 그것을 떠서 지붕을 삼기도 했다. 돌능에집이다. 거기에 더해 새마을운동이 본격화될 무렵부터는 슬레이트집이라는 말이 생겨났다. 초가를 걷어 내고 골이 파진 슬레이트를 올린 집이다. 또 한국전쟁이 한창일 때 피난민들은 '하꼬'라는 일본말과 '방'이라는 우리말이 더해진 집을 짓고 살기도 했다. 그 상자와 같은 집의 지붕은 대개가 함석이라고도 부르던 양철지붕이었고 그 집은 당연한 듯 양철집으로 불렸다.

  그 집에 살던 친구들이 있었다. 우리들은 비만 오면 그 친구네 집으로 몰려가서 이불 속에 발을 넣고는 악보를 그려 가면서 빗소리를 즐겼다. 난 그 소리를 잊지 못한다. 심란할 정도로 양철지붕을 두들겨 대던 그 소리가 어른들에게는 한 아름의 근심을 주었을 것이다. 하지만 철없는 우리들에게는 분명 재미를 가져다주었고, 지금은 아름다운 추억으로 남아 있다.

제비가 내려앉으려다 다시 날아오르는 선

그렇다면 왜 하필 집을 구성하는 여러 가지 요소 가운데 지붕을 집의 이름으로 삼았을까. 그것은 집이라는 것에서 지붕이 가장 으뜸가는 요소라는 것을 일러주는 것이다. 세상천지에 지붕 없는 집을 본 적 있던가. 없다. 또한 우리 옛 건축에서는 유난히 지붕 치장에 신경을 많이 썼다. 기와 하나를 만드는 데도 여간 까다롭지 않았다. 흔히 암키와와 수키와만 있는 것으로 알기 쉽지만 기와지붕 하나 제대로 올리려면 무려 열 종류가 넘는 기와가 필요했다.

암키와, 수키와, 암막새, 수막새 이것이 기본이다. 거기에 더해 용마루를 쌓으려면 착고와 부고가 필요했고, 용마루의 양쪽 끝에는 취두와 치미가 있어야 했다. 일반 여염집에서는 취두나 치미 대신 도깨비의 얼굴을 새긴 망와, 곧 바라기 기와를 올렸다. 그것은 집으로 들어오는 나쁜 것들을 막아주는 기능이 있었고 궁궐에서는 서유기를 상징화한 잡상을 처마 끝에 올려놓았다. 용마루에서 처마로 곧게 내려오는 내림마루에도 그에 맞는 막새를 올렸고 지붕의 마루가 끝나는 곳 즉 용마루나 추녀마루 내림마루와 같은 곳에는 따로 그에 맞는 것들을 만들어 올렸다. 한옥은 나무로 만드는 집이어서 비가 들이치면 빨리 썩게 되니 추녀 끝에는 사래기와라는 것을 박아 비가 들이쳐도 나무에 닿지 않게 하기도 했다.

또 수막새가 놓이면 그것이 무거워 아래로 떨어질 수 있으니 기와에 구멍을 뚫고 와정이라는 못을 박았다. 못을 박아 놓고 나니 못대가리가 툭 불거져 나온 꼴이 못마땅해 연꽃 모양의 연봉을 만들어 못대가리를 덮어 씌워 지붕을 더욱 아름답게 치장했다. 이는 여염집에서도 간혹 볼 수 있긴 하지만 사찰 건축에 많이 남아 있다. 충남 서산에 있는 개심사 대웅전이라든지 경북 청도에 있는 비구니 사찰인 운문사 대웅전을 보면 처마 끝에 하얀 연꽃이 가지런히 피어 있는 것을 볼 수 있다. 그것이 바로 연봉이다. 또한 집안 형편이 마땅치 않아 막새를 할 수 없으면 하얀 회를 이겨 수키와의 끝을 막았고 그것은 기와 입을 막는다고 와구토라고 한다.

그런가 하면, 저 집은 맞배집 혹은 맞배지붕이라는 말이나 우진각이니 또는 팔작지붕이라는 말을 자주 들을 수 있다. 이는 지붕의 재료로 구분하는 것이 아닌 지붕의 생김새로 구분하는 것이다. 이렇듯 집을 부르는 이름은 모두 지붕으로 구분된다는 것은 지붕이 곧 집의 얼굴 노릇을 하는 것이라 할 수 있다. 그러나 서구 건축 양식이 들어오고 까다롭던 난방 문제를 보일러라는 것으로 해결하고부터는 우리 고유의 지붕 모양은 간 데없이 사라졌다.

집이라는 것은 두 가지 요소를 지니고 있다. 하나는 자연적 요소이며 다른 하나는 인문적인 요소이다. 그리고 대개의 지붕은 자연 환경에 따라 결정된다. 흔히 말하기를 초가집의 완만하며 풍성한 지붕 선은 우리 산천에서 볼 수 있는 부드러운 산의 이미지를 빼닮았다고 한다. 그것은 인문적인 해석일 수 있다. 우리 옛것에 대한 탁월한 미감을 지니고 있었던 우현又玄 고유섭(1905~1944) 선생은 우리의 지붕이 지니고 있는 선을 "제비가 내려앉으려다 다시 날아오르는 선"이라고 했다. 그것 또한 인문적인 해석이다. 구체적으로 우리의 지붕이 그런 선을 지니게 된 것은 자연기후

탓이건만 대개의 사람들은 결과로서의 아름다움만을 이야기한다.

서구 건축 양식으로 가장 흔하게 우리들 곁으로 다가온 슬래브 지붕은 평평하며 그 가장자리는 둔덕을 만들어 막아 놓는다. 이는 대개 물이 귀했던 지방에서 쓰이던 지붕이다. 어쩌다 한번씩 내리는 빗물을 받아 두려면 지붕이 마치 목욕탕 욕조처럼 평평해야 하고, 그 귀한 물이 다른 곳으로 흘러내리지 않도록 가장자리를 높게 쌓아야 했던 것이다. 이처럼 경사가 급한 싼 물매를 잡는 곳은 비가 많이 오는 지역이고, 편편한 된 물매를 잡는 곳은 비가 많이 오지 않는 지역이다. 그것으로 지붕의 선은 결정된다.

수막새에 새기고 싶은 가족의 얼굴

비가 많이 오는 지역은 물매만 싸게 잡는 것이 아니라 지붕의 크기 또한 커야만 했다. 비가 많이 오는데 물매를 된 물매로 잡고 처마의 길이를 짧게 잡으면 지붕에서 떨어지는 물이 벽으로 튀어 들기 십상이다. 그렇게 되면 흙으로 만든 벽이 약해지고 결국 집이 무너지는 결과를 낳게 된다. 그러니 가능한 한 배수를 원활하게 하기 위해 싼 물매로 지붕 선을 잡고 빗물이 벽에서 멀리 떨어질 수 있도록 처마의 길이를 넓게 잡아 지붕이 커질 수밖에 없었던 것이다.

그러나 인간이 자연을 다스릴 수 있다는 오만이 싹트고부터는 그 경계가 허물어진 셈이다. 요즈음은 자연기후적인 영향을 고려하기보다 시각적인 부분만을 고려한 집짓기가 성행한다. 자연기후적인 조건들은 문명과 과학이라는 이름으로 그리고 인문적인 내용은 합리적이라는 이름으로 무시되기 일쑤이다.

　내가 서울로 이사를 와서 중학교에 다닐 무렵이었다. 갑자기 우리 기와집들이 시옷(ㅅ)자 형태의 지붕을 한 집들로 변하기 시작했다. 당시 지어진 이층집들이 대부분은 그러했을 텐데 지금 와 생각해 보면 그것은 전혀 합리적이지도 멋스럽지도 않았다. 프랑스식 지붕이라는 이름으로 지어졌던 그것은 바람이 강하게 부는 지방에서 지어지던 지붕이었는데, 우리는 바람의 크기나 방향도 고려하지 않은 채 도시 한가운데 지어 놓고 프랑스식 고급 이층집이라고 우기고 있었던 것이다.

　그러나 나이가 들어 우리 땅 곳곳을 헤매고 다니면서 옛사람들의 지혜에 놀라고 우리들의 우매함에 또 놀라지 않을 수 없었다. 지금은 없어진 강원도 삼척 중봉골에서 본 겨릅집과 아직도 남아 있는 정선의 백전리 한소리골에서 본 물레방앗간의 지붕이 바로 그 프랑스식 지붕이었기 때문이었다. 물론 그것은 예로부터 전해져 내려오던 우리 고유의 방식이다. 따로 부르는 이름은 없었으나 그곳에 사는 사람들의 말은 강한 바람의 방향 때문에 그렇게 지었다고 했다. 바람이 겨릅대를 두툼하게 올린 지붕을 들고 가 버릴 정도로 세게 불어 대는 골짜기여서 바람이 지붕을 타고 넘어갈 수 있도록 바람이 불어오는 쪽을 높게, 그 반대쪽은 낮게 ㅅ자 형태로 만들었다고 했다. 그들의 말투는 아주 당연했고 오히려 그 당연한 것을 묻고 있는 나를 별스럽다는 눈으로 쳐다봤다. 또 사물을 보는 나의 미감을 믿는다면 그 지붕이 내놓는 멋스러움 또한 서양의 그것에 뒤떨어지기는커녕 척박한 골짜기에 꼭 들어맞는 빼어난 아름다움을 보여 주었다.

　그렇듯 서양은 그들대로 또 우리는 우리대로 자연기후적인 조건을 적극적으로 반영해 지어진 것이 집이고, 그 중에서도 지붕의 모양은 다른 것들과 달리 기능적인 면에 더해 멋이 배어 있는 것이 사실이다. 그 멋은 군더더기 없는 자연스러운 멋이다. 다른 민족들이 수백 년 혹은 수천 년에 걸쳐 이루어 놓은 그 자연스러운 멋을 어느 한순간에 우리들의 것으로 만들 수는 없는 일이다. 또 그들의 멋을 받아들일 수 있으려면 그에 앞서 우리들의 멋에 대한 충분한 이해가 있어야 한다. 그마저 없으면 우리들의 멋은 파편적인 멋이 될 뿐이고 국적불명인 위태로운 집짓기를 할 수밖에 없을 것이다. 멋스럽고 보기 좋거나 비싼 옷이 반드시 입기에 편한 것은 아니지 않던가. 집 또한 마찬가지이다. 우리들이 우리 자신들만의 것에 대해 게으르거나 소홀했던 것은 사실이지만, 누가 뭐라 하건 그것을 부끄러워할 필요는 없다. 오히려 그 시간에 사랑을 시작하는 편이 현명하다.

    간혹 생각한다. 언젠가 내가 집을 지을 형편이 되면 어떤 지붕을 올릴까 하고 말이다. 난 기와로 잇고 싶다. 그리고 수막새에다가 사랑하는 가족의 얼굴을 새겨 넣고 용마루나 내림마루 끝에다가는 호랑이 할아버지의 무서운 얼굴을 새긴 바래기 기와를 올리고 싶다. 그 호랑이 얼굴을 보면 삿된 것들이 집으로 들어오려다가도 혼비백산하여 도망가 버릴 테니까 말이다. 그리고 매서운 겨울바람이 불어 대는 날 처마 끝에 주렁주렁 매달리는 고드름을 바라보며 피식 흘리는 웃음으로 어머니와 아버지 그리고 개구쟁이였던 형제들을 생각하고 싶다. 또 젖니가 빠지기 시작하는 조카들의 어린 자식들이 둘째 할아버지를 찾아오면 아버지가 나에게 그랬던 것처럼 빠진 이를 지붕으로 던지며 노래할 것이다. "까치야~ 까치야 헌 이 줄께, 새 이 다오"라고 말이다.

07
우물 이야기

고인 물길 따라 생각은 더욱 깊어 간다

물이 세상으로 나오는 구멍

언젠가 그림 그리는 선배와 제주도로 나들이를 다녀왔었다. 꽃밭 속에 빠져 있는 듯 참 좋은 제주의 4월. 사흘 동안이나 바닷가에서 벌어지는 굿을 보고 나흘째 되는 날이었다. "형, 오늘은 우리 꽃구경 하면서 우물이나 찾으러 다닙시다. 제주도에 왔는데 아직 우물을 못 봤네. 형은 본 적 있소?" "아니. 나도 없는데. 재미있겠다. 댕겨 보지 뭐." 그렇게 해서 그 날은 종일 우물을 찾아 나섰다. 둘 다 제주도 통인지라 이곳저곳 들쑤시며 다녔지만 좀처럼 우물은 우리들 앞에 나타나지 않았다. 조금씩 지치면 벚꽃 흐드러진 울담에 기대앉아 바람 따라 흩뿌리는 꽃비를 맞으며 이야기 나눴다.

"형, 우물은 뭐고 샘은 뭐요." "……" 내 질문이 기당찮은 것인지 아니면 너무 일상적인 것인지 선배는 머뭇거리다가 "샘은 뿌리잖아. 근원인데 우물은……"이라며 말꼬리를 흐렸다. "형은 그것도 모르오. 아, 샘은 넘쳐 나는 것이고 우물은 고이는 거지, 언제 샘물이 고이는 거 봤소. 그리고 우물이 넘쳐 나는 것 봤소" 하고 타박을 던졌다. "그렇긴 하네. 그러면 샘은 움직이는 거고 우물은 가만히 있는 거란 말이네." "그렇지. 샘은 살아 있는 거고 우물은 죽은 거하고 같은 거지. 샘은 하늘이 만들어 준 거고 우물은 사람이 만든 거니 그렇지." "그러면 샘은 하늘이고 우물은 사람이네." "뭐 그런 셈이지……, 옛날 중국에서도 그랬거든 음양오행이라고 할 때 그 오행의 시작이 바로 물이야. 그 사람들은 세상이 물과 불, 나무와 쇠 그리고 흙이 서로 어우러지는 것이라 했잖아. 그 중에서 가장 우선으로 치는 것이 물이라 말이야. 그건 물이 세상의 근본이라는 말이거든." "풍수에서도 물을 찾는 것을 으뜸으로 치는 것이 그래서인가." "그렇지, 그리고 땅보다는 하늘이 먼저라 말이야. 그러니 하늘과 샘은 같은 거지."

그렇게 26도가 넘는 뜨거운 봄날의 섬을 걸었지만 우리들은 우물을 만나지 못했다. 대신 제주도의 골목길인 올래를 돌아들자 샘이 나타났다. 그 샘에 걸터앉아 용비어천가의 프롤로그에 해당하는 두 번째 장을 외웠다. "뿌리가 깊은 나무는 바람에 움직이지 아니하므로, 꽃이 좋고 열매가 많으니, 샘이 깊은 물은 가뭄에 그치지 아니하므로, 내가 이루어져 바다에 가느니." "야, 너는 아직까지 그걸 다 외우고 있냐. 징그러운 놈. 거기에서 그 샘이 바로 뿌리하고 같은 거라 말이라. 뿌리하고 샘이 용비어천가에서는 우리 민족의 정신과 문화의 근원을 말하는 것하고 같은 거라. 음양오행에서 물이 세상의 근본이듯이 그 물이 세상으로 나오는 구멍인 샘 또한 근본이라 말이지."

"바람을 다스리는 장풍과 물을 얻는 득수가 합해져 풍수가 된 것 아니오." "그렇지." "그런데 그것들 중에서 가장 으뜸으로 치는 건 산 아니오.

그 다음이 물을 얻는 득수고 마지막이 바람을 다스리는 장풍이라 말이야. 이것도 그것하고 관계가 있는 건가." "그럼. 산이 있어야 물이 있는 거니까, 그건 서로 하나로 봐야 하는 거고 또 물이라는 것은 그 주위에 생기를 몰고 다니거든. 그러니까 따지고 보면 물을 찾는 게 풍수지. 또 풍수에서 물을 중요하게 치기는 하지만 그것을 다스리는 것 또한 조심하지 않으면 큰일이라 말이야. 물이 좋기는 하지만 그게 고여서 썩어 버리면 물을 얻지 않은 것보다 못하다는 거지." "전에 지관하고 다닐 때 그런 이야기합디다. 좋은 자리로 들어오는 물을 '득'이라 하고 나가는 물을 '파'라 하는데, 그게 자연스럽게 흘러야 된다고 합디다. 그것도 무작정 흐르면 안 되고 물이 잡아 놓은 자리 앞에서 머물면서 생기를 듬뿍 주고 난 다음에 또 자연스럽게 흘러 나가야 좋은 자리라는 거지. 그런 물길을 좋은 자리 만들려고 인위적으로 해 놓으면 아무 소용이 없다는 거라. 물길 바꿔 놓는다고 물이 사람 해 놓은 데로 잘 가지 않는 거라 말이지. 세상 천지에 모든 게 다 그렇겠지만 물만큼은 저절로 흐르게 두어야 한다는 게 그 지관 말이었어요. 그게 지금 생각해 보니 세상살이, 사람살이에 물이 근본이라서 그랬던 것인가 싶네." "그거야 두말하면 잔소리지. 그거 아는 놈이 왜 그리 삐뚤빼뚤 살아. 좀 똑바로 살지. 작업하는 것도 다 흐름이 있는 거라. 좀더 해봐. 흘러가는 대로 가만히 두는 게 잘하는 거야. 안 되는 거 아무리 아등바등해 봐야 안 되는 거는 안 되는 거야."

"드레 우므레 므를 길라 가고신딘"

우리는 다시 길을 떠났지만 결국 우물은 찾지 못했다. 제주도는 화산암으로 이루어진 지형 탓에 우물을 팔 수도 없을 뿐더러 비만 오면 구멍 숭숭 뚫린 현무암 사이를 거치며 맑아진 물이 섬의 끝이라 할 수 있는 바닷가 쪽으로 모였다가 솟구쳐 오르는 까닭이었다. 제주 사람들은 그것을 두고 '용천'이라 했으며 엄밀하게 보면 그것은 우물이 아니라 샘이다. 선배와 나눈 형이상학적인 구분이 아닌 형이하학적인 샘과 우물의 구분은 아주 쉽다. 샘은 사람이 손길이 닿지 않은 채 자연적으로 솟구쳐 오르거나 바위틈에서 흘러나오는 물을 일컫는 것이고, 우물은 땅 속으로 흐르는 물길을 어림잡아 사람들이 구덩이를 파서 물이 고이게 하는 것이다.

예로부터 차를 달이는 물로는 천수라 하는 자연적인 물, 하늘에서 떨어지는 그 원초적인 물을 가장 으뜸으로 쳤다. 다음으로 샘물과 강물, 그리고 우물물을 순서대로 꼽았다. 물맛 잘 보기로 소문났던 이행(1352~1432)은 호를 기우자騎牛子로 썼다. 그는 차를 달이는 물로 충주를 흘러가는 달천수를 제일로 삼고, 오대산의 서대 꼭대기에서 있는 샘인 우통수를 두 번째로 삼고, 바위틈에서 흘러나오는 속리산의 삼타수를 세 번째로 꼽았다. 이 가운데에도 샘은 두 곳이나 되지만 우물은 없다. 이는 옛사람들이 특히 물에 있어서는 사람의 손길을 닿은 인위적인 것보다 자연적인 흐름을 중요하게 생각했다는 이야기가 된다.

그러나 살림살이를 한다는 것은 차를 달이는 것만큼 풍류적이거나 낭만적이지 못한 것. 집터를 장만하고 벽을 세우며 방도 들이고 지붕을 덮고 울타리를 치면 집짓기가 끝난 듯하지만 밥 지을 물도 있어야 하고 빨래를 할 허드렛물도 있어야 하니 우물을 파야 한다. 마침 뒤란의 바위틈으로 흘러내리는 물이나 앞뜰에서 솟아나는 샘이 있으면 더할 나위 없겠지만 대개의 경우 그렇지 못하니 어쩔 수 없이 마당에 우물을 파게 된다.

이를 두고 『산림경제』 제1편 「복거」에서는 "우물은 집의 앞뒤, 방 앞, 대청 앞에 파는 것을 피하고 우물과 부엌이 서로 마주 보지 않게 한다"라고 했으며, 그 까닭은 "남녀가 문란해지기 때문이다"라고 했다. 그렇다. 옛 문학 속에서 우물가는 만남의 장소이다. 나그네와 여염집의 아낙이 만나 정분이 나는 곳은 우물이며 그 정분이 무르익는 곳은 물레방앗간이다. 여인네들의 바깥출입이 자유롭지 않았던 시절, 물을 긷거나 빨래를 하러 마을에서 함께 사용하는 우물로 나가는 것은 공식적인 바깥출입이었다. 그러니 눈치 볼 것 없이 빨랫감이나 물동이를 이고 나가 집 안에서 쌓였던 것들을 풀어놓는 곳이었던 셈이다. 하지만 근심이나 울분만 풀리는 것이 아니라 마음마저 풀리고 말았으니 우물은 묘한 곳이기도 했다.

「쌍화점」을 불러보자. 누가 지었는지는 모르지만 고려 때부터 불렸다는 이 노래는 음탕하기 짝이 없다. 그 중 "드레 우므레 므를 길라 가고신딘"으로 시작하는 3장은 우물가에서 일어나는 일이다.

> 두레 우물에 물을 길러 갔더니만 / 우물 용이 내 손목을 쥐었어요 / 이 소문이 우물 밖에 나며 들며 하면 / 다로러거디러 조그마한 두레박아 네 말이라 하리라 / 더러둥셩 다리러디러 다리러디러 다로러거디러 다로러 / 그 잠자리에 나도 자러 가리라 / 위 위 다로러거디러 다로러 / 그 잔 데같이 답답한 곳 없다.

이는 고려 충렬왕 때의 자유분방한 성 윤리를 보여 주는 작품이다. 그곳이 왜 하필이면 우물가일까.

여하튼 땅을 파는 장비가 좋지 않았던 시절. 마을에는 대개 공동우물이 있게 마련이었다. 사람들의 모둠살이가 시작되는 기본 조건 가운데 하나는 그들이 모두 먹고도 남음이 있는 물이 있어야 하는 것 아니겠는가. 지금이야 산꼭대기로도 수돗물이 박차고 올라가지만 예전에는 언감생심 꿈도 꾸지 못할 일. 그러니 마을 우물은 딱히 나그네와 여염집 아낙만이 아닌 마을 주민, 그들 중에서도 여인네들끼리의 만남의 장소였던 셈이다. 그곳에는 물과 함께 언제나 소문이 있게 마련이다. 모였다 흩어지고 또 다시 약속도 없이 모이는 그곳의 두레박에는 실체는 보이지 않지만 무성한 소문들이 우물물과 함께 길어 올려졌다간 흔적도 없이 사라지곤 하는 곳이기도 했다.

『산림경제』에서는 우물을 팔 때 우선 물이 나옴직한 곳에다가 구리로 만든 동이를 엎어 놓으라고 했다. 밤새 여러 곳에 동이를 엎어 놓았다가 다음날 아침에 동이를 뒤집어 보아 물이 가장 많이 맺힌 곳을 파면 틀림없이 물이 나온다고 했다. 또 옛 우물은 함부로 메우지 말라고 했다. 그것을 메우면 사람의 눈과 귀가 멀게 된다고 했고, 우물물이 용솟음치는 것을 막기 위해서는 우물 동쪽 360걸음 안에서 푸른색 나는 돌을 찾아 술로 그 돌을 삶아 우물에 넣으라고 했다. 그뿐 아니다. 도랑을 뚫거나 우물을 새로 파는 일 혹은 우물을 고칠 때에도 반드시 일관에게 좋은 날을 받으라 했다. 이렇듯 금기사항이 많다는 것은 그만큼 그곳이 중요하다는 이야기가 된다.

지누가 우물에 빠진 날

물론 내가 살던 집에도 우물이 있었다. 부엌 뒷문으로 나가는 뒷마당에 있었던 그곳에 초등학교 2학년 땐가 풍덩 빠진 적도 있었다. 두레박으로 물을 긷다가 그만 그 무게를 이기지 못하고 딸려 들어갔던 것이다. 깨져서 피가 줄줄 나는 머리에 할머니가 된장을 듬뿍 발라 주었던 기억은 남았지만 다행히 머리에 흉터는 남지 않았다. 두레박을 붙들고 겨우 매달려 있다가 아버지가 내려 준 굵은 밧줄로 몸을 묶고서야 올라올 수 있었던 그 난리법석의 호들갑은 굳이 말하지 않아도 짐작이 가리라. 그때 난 처음 알았다. 언제나 시커멓게 보여 전혀 가늠할 수 없었던 우물의 깊이가 물이 고여 있는 곳만 내 작은 키를 훌쩍 넘고 우물의 전체 깊이는 내 키를 열 번은 더해야 된다는 것을 말이다. 그곳에서 물을 퍼 올리는 두레박은 옛말로 '드레'라고 했다.

아주 오래전엔 큰 바가지에 나무를 가로질러 그곳에다 줄을 매어 썼다. 그것을 두룸박 또는 드레박이라 부르다가 두레박이 된 것이다. 나를 우물로 끌고 들어갔던 두레박은, 아버지가 나무판자를 한쪽의 끝은 서로 맞대어 놓고 한쪽 변을 비워 놓은 속이 빈 삼각형이었다. 그 빈 곳에 나무를 가로지르고 가운데 홈을 파서 줄을 맸던 것인데, 어머니나 아버지의 힘을 생각해 물이 많이 담길 수 있도록 만들었던 것 같다. 내가 우물에 빠지고 난 다음날, 아버지는 우물에다 지붕을 씌우기 시작했다. 우물의 네 귀퉁이에다가 기둥을 세우고 듬성듬성 서까래를 걸치곤 그곳에 양철로 지붕을 씌웠다. 그리곤 서까래 아래에 가로질러 놓은 굵은 나무에다가 도르래를 달았고 두레박줄은 그 도르래에 걸쳐졌다.

붕대로 머리를 동여맨 채 시무룩한 얼굴로 옆에 앉아 있던 나에게 아버지는 "지누 인자 함 해봐라. 인자는 하나도 힘 안 들끼다"라고 했고, 나는 못 이기는 체하며 일어나 두레박줄을 당겼다. 그런데 이런, 이렇게 쉽게 될 수가 있는가. 어린 나이였지만 쉽게 알아차릴 수 있을 만큼 힘쓰기가 수월해졌다. 그날부터 물 긷는 것이 재미있어 졌다. 물을 길어 부엌에 있는 물동이 갖다 붓는 것도 재미있는 일 중에 하나였지만 그 일을 하고 나면 언제나 꽈배기나 눈깔사탕 같은 품삯이 기다리고 있기 때문이기도 했다. 난 그것이 좋았음은 물론이고, 물을 길어 올릴 때마다 "차르르" 소리를 내며 돌아가던 도르래가 신기하기도 했다.

　도르래를 쉽게 구할 수 없었던 시절에 옛 어른들은 한쪽에 돌을 달고 또 다른 쪽에는 두레박을 달아 놓기도 했다. 그러면 돌 무게 때문에 두레박이 쉽게 물에 곤두박혀서 물을 길어 올리기가 수월했던 것이다. 이런 두레박을 '방아두레' 라 불렀다. 그런가 하면 친구 희면이네 집은 우물이 얕았다. 두레박에 줄을 매달 깊이는 아니고 허리를 굽혀 퍼 올리기에는 깊은 애매한 깊이였던 것이다. 그 우물에는 두레박에다가 내 키의 두 배만큼이나 되는 긴 장대를 묶어 놓았다. 그 대나무 장대를 잡고 물을 올렸는데 그것은 '타래박' 이라고 했다.

　첫사랑 희면이와 나는 그 우물에 얼굴 비쳐 보는 것을 좋아했다. 우물 난간에 배를 걸치고 쳐다보면 우물 속에 그녀와 내가 비치는 모습은 더 없이 황홀했다. 그곳을 바라보며 노래를 부르면 웅웅 울려 도무지 무슨 소리인 줄 알아듣기조차 어려웠지만 우리들에게 그것은 아주 재미있는 놀이였다. 당시는 그저 놀이일 뿐이었지만 한참 지난 후 알고 보니 샘이나 우물은 거울과 같은 것이었다. 지리산의 노고단에 있는 산희천山姬泉이라는 샘은 지리산의 여신인 마고할미가 와서 얼굴을 비춰 보던 곳이었다. 그러나 그곳에 비춰지는 것은 비단 얼굴뿐이 아니었다. 샘과 우물은 마음을 비춰 보는 사유의 거울이다. 이는 불교에서도 마찬가지다. 금강

수보살이 대일여래에게 유가행자들의 마음가짐에 대해 물었다. 그러자 대일여래는 육십 가지의 마음이 있다고 답을 했는데 그 스물다섯 번째가 정심井心이라고 말한다. 이는 사람의 마음이 착함과 그렇지 않음을 헤아리기가 어렵다는 것이다. 이를 우물의 깊이를 들여다보기만 해서는 알 수 없다는 것에 비유한 것이며, 우물은 사유의 깊고 깊은 것을 비춰 보는 곳이라는 것을 말한다.

　백운거사 이규보도 우물에 자신의 모습을 비춰 보곤 시 한 수를 남겼다.「우물에 비친 것을 보고 희작함(炤井戱作)」이라는 시인데 무덤덤하지만 우물만큼 사유의 깊이가 묻어나니 읽어 본다.

> 거울을 보지 않은 지 오래되어 / 내 얼굴이 어떤지 기억할 수도 없는데 / 우연히 와서 우물에 비추어 보니 / 옛날에 조금 알았던 얼굴 같네.

물지게와 수박화채

우리 집은 우물물을 허드렛물로 사용했을 뿐 먹는 물은 물지게를 지고 날라야 했다. 그리 멀지 않은 곳에 큰집이 있었고 그곳에는 꼭지만 틀면 맑은 물이 쏟아지는 수도가 있었기 때문이다. 어머니는 우리들이 들어가고도 남을 만한 물독 두어 개를 부엌 한쪽에 놓고 며칠마다 한 번씩 물지게를 졌다. 그래도 수돗물을 먹을 수 있는 집이 몇 안 되던 시절이어서인지 물지게를 지고 나가면 동네 사람들의 부러움을 사곤 했다. 하지만 어머니에게 그 일은 노동이었다. 그렇지만 우리들에게는 놀이와도 같았으니 서로 물지게를 지겠다며 다투곤 했다. 물을 지고 올 때에는 우리들이

도울 수도 없을 만큼 무겁지만 빈 지게는 가뿐하여 큰집으로 물을 지러 갈 때에는 서로 그것을 지고 가겠다고 한 것이다.

 함석으로 만든 물통까지 달면 땅에 끌리고 말았으니 가위바위보를 해서 이긴 사람은 지게를 지고, 진 사람은 물통을 들고 뒤따라오곤 했다. 그렇게 사내 형제들이 물지게를 지고 어머니가 빈 몸으로 뒤따라오면 동네 사람들이 기특해 하며 한마디씩 거들었다. "아이고, 자들이 인자 다 커서 엄마도 도우네." "지누 어데 가노, 물 지로 가나. 너거 엄마는 좋겠다. 아들 많아서……"라며 말이다. 그러면 괜히 흥이 났다. 우리들은 놀고 있을 뿐인데 그것이 효도하는 것으로 보이기까지 하니 얼마나 신이 났겠는가. 그러나 겨울이면 어머니나 우리나 할 것 없이 모두 손이 꽁꽁 얼었다. 어머니는 출렁대는 물지게를 지고 오느라 그랬지만 우리들은 그것을 뻔히 보면서도 골목에서 구슬치기나 딱지치기를 하느라 그랬던 것이다.

 부엌의 물독을 다 채우려면 열 번 남짓하게 다녀와야 했던 그 길을 여름에 다녀오고 나면 늘 우리들에게는 선물이 있었다. 우물가에서 웃통을 벗고 목물을 하며 땀을 씻어 내는 것이 그것이었다. 그러나 우리 개구쟁이 형제들이 묵묵히 그 일을 하고 등목까지도 앞 다투어 하려 했던 까닭은 진짜 선물이 따로 있었기 때문이었다. 그 선물은 우물 속에 있었고 그것은 먹는 것이었으며 그 때문에 모두 얌전한 강아지 마냥 말을 잘 들었던 것이다. 등목을 하고 나면 어머니가 돈을 꺼냈다. 나는 낚아채듯이 돈을 받아들곤 쏜살같이 얼음가게로 달려갔다. 아저씨가 새끼줄로 묶어 주던 얼음덩어리를 들고 집으로 돌아오면 그제야 양푼이나 함지박에 수박이 담겨 나왔고 우리들은 얼음을 서로 깨트리겠다며 또 한바탕 법석을 떨었다. 송곳이나 부엌칼의 뾰족한 끝을 얼음에 대고 망치로 내려치면 얼음은 산산조각으로 부서졌다. 그러는 동안 어머니는 숟가락으로 수박을 긁어 함지박에 담아 놓았으니 곧 수박화채였던 것이다. 그렇게 맛날 수가 없었다. 다 먹고 나면 서양 사람들이 할로윈데이에 호박으로 만든 무서운 탈을 쓰듯이 수박 껍질에 눈과 코 그리고 입을 내놓을 수 있는 구멍을 뚫어 덮어쓰고는 마당을 뛰어다녔다. 참으로 흥겹기만 했던 것이다.

냉장고가 없던 시절 우리 집 우물은 더없이 훌륭한 냉장고였다. 수박이며 참외 혹은 복숭아나 토마토가 둥둥 떠 있는 그 정경은 참으로 아름다웠다. 우물 안을 들여다보면 거뭇할 뿐이지만 그곳에 형형색색의 과일들이 낮은 채도를 한 채 떠 있는 광경은 이제 어디서도 보지 못하는 것이 되고 말았다. 땀 흘리며 놀다가 들어온 여름날, 먼저 우물가부터 찾고 그 안을 들여다보는 습관이 생긴 것은 순전히 그 때문이었다.

하지만 우물이 앞서 이야기한 음탕한 장소이거나 내가 지닌 그런 추억만이 머무는 곳은 아니었다. 그곳은 때로 신성한 장소가 되어 한 나라의 시조가 태어나기도 하는 곳이다. 신라의 박혁거세가 태어난 곳은 나정蘿井이다. 그날은 서기전 69년인 전한前漢 지절원년地節元年 임자壬子 3월 1일이었으며 그곳은 우물 근처였다.『삼국사기』「신라본기」에 소지왕 재위 9년인 487년 봄 2월에 시조가 태어난 나을奈乙에 신궁神宮을 세우고 시조를 제사했다고 했다. 또 그의 왕비가 된 알영 또한 근처의 알영정閼英井이라는 우물가에서 태어났으니 신라의 시작은 우물에서 비롯된 것인 셈이다. 우물에서의 탄생설화는 그 후로도 계속되어 신라말의 선승이었던 범일梵日국사 통효(810~889)는 그 어머니가 강릉시 구정면 학산에 있는 우물 속에 비친 태양을 마시고 잉태했다. 또 고려의 선승이었던 진각眞覺국사 혜심(1178~1234) 또한 전남 화순읍의 향청리에 있는 자취샘跡

泉의 물 속에 떠 있는 오이를 먹고 잉태했다고 하니, 우물은 큰 인물이 태어나는 신성한 장소라는 것을 의미하는 것이기도 하다.

호랑이 외할아버지의 으름장

여름방학이 오면 나는 언제나 사랑하는 희면이와 헤어져 외갓집으로 가야 했다. 그곳에도 당연히 샘이 있고 마을 우물이 있는가 하면 거기에 더해 마을 가운데를 질러 나가는 개울도 있었다. 그런데 어른들은 언제나 마을 우물로 흘러가는 개울물에서는 놀지 못하게 했다. 그렇지만 개구쟁이 알개들을 누가 말릴 것인가. 대나무로 만든 소쿠리를 들고 미꾸라지를 잡는답시고 흙탕물을 일구기 일쑤였던 또래들은 그때마다 호되게 야단을 맞곤 했다. 그 까닭은 흙탕물이 우물로 스며든다는 것이었지만 우물을 지난 개울에는 미꾸라지가 잘 없는 것을 어쩔거나. 그것만 아니었다. 발가벗은 채 개울에서 놀다가 은근슬쩍 쉬를 하기도 했건만.

그런 날이면 난 늘 불안에 떨곤 했다. 호랑이 외할아버지가 "니 개울물에다가 쉬 하마 고추가 빨가이 붓는데이. 그라이 개울에다 쉬 하마 안 된다"고 으름장을 놓았기 때문이다. 또 "해를 보고 오줌 누마 장개 가서 아 못 낳는다이. 그라이 오줌은 집에 와서 변소에다가 꼭 눠야 된데이. 알았제." "에이, 할배는 그런 기 어딨어요. 그라마 가시나들은 상관없는 모양이지예." "와 여자아들도 흐르는 물에 오줌을 누마 시집가서 아 못 낳지. 지누 니도 빨리 장개 가서 아 놓고 그래야지"라며 할아버지가 자못 심각한 얼굴로 말했기 때문에 사실로 믿을 수밖에 없었다.

첫사랑 희면이와 소꿉장난하며 결혼해서 오순도순 살 생각에 부풀어 있던 나였으니 장가와 시집 더군다나 아이를 어떻게 낳는지조차 모르던 때이긴 했지만 고추를 움켜쥐고 걱정에 싸여 있었던 것이다. 그 다음부터는 할아버지 말씀을 들으려 애를 쓰곤 했다. 이 또한 알고 보니 우물물을 더럽히지 않기 위한 것이었다. 마을 가운데를 흐르는 냇물에다가 쉬를 하면 그것이 마을 사람들이 먹는 우물에 들어가니 물이 더러워지게 마련, 아예 속담처럼 말을 만들어 놓고 그렇게 하지 못하도록 한 것임을 나중에야 알게 되었다. 또 거름이 귀한 시절이니 오줌 한 방울이라도 집안으로 거두어들이려는 지혜로운 생각이었던 셈이다. 이는 기저귀 빨래를 마을 우물이나 냇물에서 못하게 한 것과도 같다. 기저귀 빨래는 반드시 물을 길어 와서 했고, 그 물은 텃밭이나 두엄더미에다가 버리게 했다. 물의 오염을 막으며 거름까지 만드는 일석이조의 지혜를 짜낸 것이다.

또 개울물이 다른 마을을 지나 아랫마을로 흘러들게 되는 곳에는 마을 경계쯤 되는 곳의 개울에 싸리나무나 대나무로 살을 만들어 박아 놓기도 했다. 이는 윗마을의 개울을 따라 떠내려 오는 오물들이 아래로 내려가지 못하게 하려는 것이었다. 그만큼 물은 마을 그리고 집집마다 중요한 것이었다. 풍수라고 할 때 풍수는 장풍득수藏風得水의 줄임말이다. 집터를 정하는 데 가장 으뜸이 바로 바람의 길목을 살피고 물을 쉽게 구할 수 있는 곳이었기 때문이다. 그것은 바람을 피하거나 다스릴 수 있으며 물만 있으면 농경사회의 기본적인 충족 조건은 이루어진다는 말이다. 또한 사람이 살아가기에 모자람이 없다는 것을 뜻하는 것이기도 하다. 그만큼 물이라는 것이 우리들의 생활에 중요했음을 알 수 있다.

호랑이보다 더 무서웠던 외할아버지의 으름장이 지금에 와서 문득 그리워지는 것은 돈을 내고 물을 사먹게 되었다는 것 때문이다. 저마다 작은 플라스틱 통에 든 물을 가지고 다니며 마시는 모습이 낯설지 않다. 이것은 곧 우리들이 물을 함부로 다뤘다는 뜻과 다르지 않다. 물론 옛날에도 돈을 주고 물을 사 먹기도 했다. 북청 물장수가 그 대표적이며, 대동강 물을 팔려고 작정했던 봉이 김선달의 이야기가 그렇다. 그런가 하면 물을 경수硬水, 연수軟水, 감수甘水 그리고 고수苦水로 나누어 따졌다. 그리고 그 집의 우물이 어떤 물이냐에 따라 집안사람들의 성격이나 그 집안의 가풍이 만들어진다고도 했다. 나는 어떤 물을 먹고 자랐을까. 어머니에게 전화해 볼 것도 없이 고약한 성질머리를 보면 우리 집 우물은 분명 씁쓸한 고수苦水였지 싶다.

08
부엌 이야기

집은 남쪽, 부엌은 서쪽에 두어야 제격이다

집 있으면 불부터 먼저 들어간다

몇 해 전이다. 내가 살던 작업실 옆방에 갓 대학생이 된 듯한 여학생이 이사를 왔다. 마침 작업실에 있었던 터라 이사하는 것을 보게 되었는데, 그 집은 제대로 이사를 하는 것 같았다. 이삿짐은 점심 무렵에 도착했지만 육십 언저리나 되었음 직한 학생의 어머니는 아침 일찍부터 와서 청소를 하고 있었다. 그런데 그 어머니는 아침 일찍 올 때 가스레인지를 들고 왔다. 그리곤 분주히 내 작업실의 전화를 빌려 이곳저곳 연락을 하고 청년들이 다녀가고 하더니 "이제 됐네, 고맙수" 한다. 가스레인지에 불이 켜진 것이다.

코흘리개 시절, 다행한 일인지 아닌지 우리 집은 별로 이사 다닐 일이 없었다. 그렇지만 이웃해 있던 다른 집들은 뻔질나게 들고나고 하며 이사를 했다. 그때마다 나를 포함한 동네의 또래 개구쟁이들은 이사 가는 것을 거들어 주고 눈깔사탕 하나라도 얻어 볼 셈으로 이사 가는 집을 기웃거리곤 했다. 그러던 어느 날, 드디어 우리들에게 기회가 왔다. 셋방을 살던 동수네가 철민이네 집으로 이사를 한다는 것이다. 당시 동수는 우리 골목의 대장이었다. 대장이 이사를 가니 당연히 졸병들이 나서서 거들어야 하지 않겠는가. 동수 어머니는 우리들에게 너희들 여기서 정신 어지럽게 하지 말고 이거라도 가지고 먼저 가라 하시며 뭔가를 불쑥 내밀었다. 그것은 연탄이었다. 그것도 벌겋게 불이 붙은 것이었다. 나는 연탄집게로 탄불을 집어 들고 아이들은 화덕을 들고 앞서거니 뒤서거니 가다가 뜨거움을 못 견뎌 내려놓기를 서너 번, 철민이네 집이 코앞에 보이는 곳에서 그만 손에 힘이 빠졌다. 활활 타오르던 연탄이 박살 나고 말았던 것이다.

눈깔사탕은커녕 눈물이 쏙 빠지게 혼이 난 것은 물론이었고 우리 집 연탄불에다가 탄불을 피워 다시 갖다 주는 수고까지 해야 했다. 몇 차례 그런 일을 겪고 또 다른 집들 이사 가는 꼴을 보면 언제나 불이 활활 붙은 연탄은 가장 먼저 떠나고 가장 앞서 도착하곤 했다. 뒤이어 어머니들이 도착하면 그니들은 먼저 부엌으로 들어가 탄불이 잘 붙어 있는지를 살피고는 빈 솥에다가 물을 부어 올려놓곤 했다.

이사란 곧 불씨의 이동인 것이다. 사람 사는데 집이 있으면 당연히 물이 있어야 하고 또 불이 있어야 한다. 물은 붙박이로 그 집에 있는 것이지만 불은 그렇지 못하다. 그러니 집을 구해 놓고 옮겨 갈 때는 불씨를 가장 먼저 그 집 안으로 들여보내는 것이다. 불을 그냥 두고 떠난다는 것은 기왕 지니고 있었던 복을 그냥 두고 떠난다는 것과 같다. 또 그것은 한 집안의 생명력을 나타내기도 했다. 불이 꺼진다는 것은 그 집안이 망하는 것이나 다름없는 것이었다. 예전 살림에서 불씨란 꺼트리지 않고 이어 나가야 할 주된 대상이었다. 그 일을 잘못하면 시집에서 쫓겨나는 경우도 있었으니 살림살이에서 그만큼 중요한 것이 불이었다. 이는 우리나라에만 있는 풍습이 아니라 동양권 전체에 걸쳐 퍼져 있는 신앙과도 같은 것이다. 알타이족 같은 경우는 유목민임에도 이동할 때 불씨를 꺼트리지 않은 채 보관하여 이동했다. 그들은 자식들이 분가할 때에는 당연히 불씨를 나누어주었지만 다른 집에 불씨를 나누어주는 것은 꺼렸다고 한다. 그토록 중요하고 신성한 불은 어디에 모셔졌을까. 다름 아닌 부엌이었으며, 부엌은 바로 여성들만의 공간이었다.

 십여 년도 더 된 것 같다. 전남 영광읍 입석리에 있던 영월 신씨辛氏 종갓집을 찾아간 적이 있다. 그 집의 불씨는 1400년경 터를 잡고 난 다음부터 18대를 이어 줄곧 불이 꺼지지 않았다고 해서였다. 마침 내가 찾았던 날은 집안의 문중 제사를 지내는 날이어서 바깥사람들은 집 안으로 들이지 않는다고 했지만 읍소를 해서 제사 구경을 할 수 있었다. 종일 기다려 밤이 늦어 시작된 제사는 집안에 있는 사당에서 조상들의 신주를 모셔오는 것으로 시작되었다. 다른 집안과 다른 것은 여자들도 절을 하는 것이었다. 대개 여자들은 절을 하지 않는 것이 우리 제사법인데 말이다. 하지만 그토록 보고 싶어 했던 화로의 불씨는 볼 수 없었다. 다만 화로만을 볼 수 있었는데 크고 작은 것이 모두 다섯이었다. 내가 찾기 몇 해 전부터 방에는 보일러가, 부엌에는 가스레인지가 들어왔기 때문이었다. 멋쩍은 미소로 불씨가 꺼진 것에 대한 아쉬움을 말하던 초로의 종손 신호준 씨 모습이 지금도 눈에 선하다. 그것은 애써 멀리서 찾아온 손님에게 불씨를 보여 주지 못한 게 미안해서만은 아니었던 듯했다. 그이 얼굴에는 대를 이어 오던 불씨 자체가 집안에서 사라진 것에 대한 아쉬움이 진하게 배어 있었으니 말이다.

"싀어마님 며느라기 낫바 벽바흘 구루지 마오"
옛 글 『청구영언』을 읽다 보니 「원부가怨婦歌」가 나온다. 요즈음 말로 풀어 본다.

> 시어머님, 며느리가 나쁘다고 부엌 바닥을 구르지 마오. 빚 대신으로 받은 며느리인가, 무슨 물건 값으로 데려온 며느리인가. 밤나무 썩은 등걸에 난 회초리와 같이 매서운 시아버님, 볕을 쬔 쇠똥같이 말라빠지신 시어머님, 삼 년이나 걸려서 엮은 망태기에 새 송곳 부리같이 뾰족하신 시누이님, 좋은 곡식을 심은 밭에 돌피(질이 좋지 않은 곡식)가 난 것같이 샛노란 외꽃 같은 피똥이나 누는 아들(너무 어려서 사내구실을 하지 못함을 풍자한 것) 하나 두고, 기름진 밭에 메꽃 같은 며느리를 어디를 나빠하시는고.

참 의미심장한 노래이다. 이 식구 저 식구 많기도 한 시집 식구들을 거두어 먹이며 열심히 일하던 며느리가 자신을 타박만하는 시어머니를 향해 하소연하는 노래다. 그런데 왜 하필 부엌 바닥을 구르지 말라고 했을까. 또 우리 속담에 "안방에 가면 시어머님 말이 맞고 부엌에 가면 며느리 말이 옳다"고 했고 "남자들이 부엌에 가면 고추가 떨어진다"는 말을 숱하게 들었다. 무슨 말일까. 부엌이라는 공간은 여자들만의 공간이라는 것을 암시적으로 보여 주는 것이다. 그런가 하면 양반이랍시고 남정네들은 목욕도 하지 않고 바지를 벗어 툭툭 털어 입고 마는 '백때털기'를 했지만 여인네들은 반드시 목욕을 해야 했다. 그때가 되면 부엌은 목욕탕이 되었고, 글 모르는 신세 서러워 부지깽이로 부엌 바닥에 글을 쓰며 배웠으니 부엌은 여인네들의 공부방이기도 했던 것이다. 이로 보면 부엌은 여성, 그 중

에서도 며느리의 공간이라는 것을 알 수 있다. 시집 온 후 석 삼 일 지나 부엌에 드나들기 시작해 귀머거리 삼 년이요 벙어리 삼 년의 호된 시집살이를 겪어야 겨우 그 집안사람으로 받아들여질 정도였으니 얼마나 고되었을까. 시어머니는 당신도 그런 생활을 했음에도 당신 성에 차지 않는 며느리가 싫으니 며느리가 주로 머무는 부엌 바닥을 쿵쿵 구르는 것이다. 이는 며느리를 짓밟는 것이나 다름없는 폭력의 은유적인 표현인 것이다.

부엌 바닥을 쿵쿵 구르면 먼지가 풀풀 일게 마련이고 그 먼지가 음식으로 들어가니 그 타박은 또 며느리에게 더해질 것이다. 앞서 이야기한 이사 가는 동수네 집 연탄불 박살 사건 이후에 우리 집이 한옥에서 다시 한옥으로 이사를 가게 되었는데 어머니는 부엌 바닥을 긁어 흙을 모으고 있었다. 참 별일이다 싶었지만 나중에 그 까닭을 알게 되었다. 예로부터 우리네 부엌은 바닥이 평평하지 않았다고 한다. 지금이야 평평할수록 좋은 것이라 알고 있고 바닥에는 푹신한 깔개까지 깔려 있지만 전에는 울퉁불퉁할수록 제대로 된 부엌 바닥이었다는 것이다. 부엌은 대개 마당보다 한 자나 두 자 가까이 움푹 파진 곳에 자리 잡는 것이 대부분이었고, 그곳으로 바람이 불어오면 소용돌이가 치며 먼지가 일게 마련이다. 그 먼지가 음식에 들어가면 안 되니 바닥을 평평하게 하지 않고 울퉁불퉁하게 만들어 먼지가 이는 것을 조금이라도 막으려 했다는 것이다. 그리고 그래야만 복이 쉽게 달아나지 못한다는 믿음도 함께 지니고 있었던 것이다.

반질반질하게 닳은 흙이 바닥을 이루고 있고 거기에다 울퉁불퉁하기까지 하니 물이라도 떨어질라손 치면 미끄러지기 십상이다. 그러니 부엌에서 일하는 사람들은 물 한 방울이라도 떨어뜨리지 않으려 정갈한 동작으로 조심스럽게 일을 해야 했다. 그러니 더 힘이 들었던 것이다. 그렇게 며느리의 발길이 대를 이어 묵은 부엌의 흙은 복을 고스란히 지니고 있다고 어머니는 말했다. 그래서 그 흙을 가지고 가서 이사 가는 집 부엌 바닥에 깔아야지 복이 그대로 옮겨 온다고 믿었던 것이다. 이와는 다르지만 정월 열 나흗날이 되면 서민들은 부잣집의 마당을 기웃거리기 일쑤였다. 부잣집 마당의 흙을 훔쳐다가 부뚜막에 바르면 덩달아 부자가 된다는 속설을 믿었던 것이다. 반대로 흙을 도둑맞은 집에서는 그만큼 복이 달아난다고 하여 밤새 지켰다고 하니 볼 만한 풍경이었을 것이다.

자연 훈제가 된 과메기

어린 시절 우리 집은 산을 등지고 있진 않았지만 남향이었다. 한겨울 뚫린 고쟁이 사이로 들어오는 바람처럼 외풍이 문풍지를 뚫고 숭숭 들어올 때면 부모님들은 그래도 남향집이기에 이만하지 다른 집은 추워 못 산다는 말을 자주 하곤 했다. 예로부터 무슨 까닭인지도 모르지만 집은 산을 등지고 물을 앞에 두어야 하는 자리에 있는 것이 으뜸이고 그 자리에서 남향으로 앉은 집이 또 으뜸이라고 했다. 그것은 봄, 여름, 가을이야 그렇다고 하지만 한겨울 사나운 북서풍이 몰아치는 한반도에서 남향집은 아낌없이 내리쬐는 햇볕을 듬뿍 받을 수 있는 자리였기 때문이다.

『삼국지』「위지」「동이전」「변진조」를 보면 "부엌이 대체로 서쪽에 있다(竈皆在戶西)"라고 되어 있다. 이 말은 우리네 부엌에 대한 최초의 문헌상 기록이다. 왜 서쪽에 있어야 할까. 동쪽은 양陽의 방향이고 서쪽은 음陰의 방향이기 때문이다. 창덕궁 대조전엘 가 보았다. 왕은 대청의 오른쪽인 '동온돌'에서 왕비는 대청의 서쪽인 '서온돌'에서 머물렀다. 또 조선시대 양반집의 사랑이나 사당과 같은 공간은 집의 동쪽에 그리고 안채는 서쪽에 있는 것이 일반적이다. 동쪽은 남자이며 서쪽은 여자를 상징하는 음양오행에 근거해서 집짓기를 했던 까닭이다. 남향집이면 서쪽에 부엌을 두는 것은 조선시대까지도 이어져 내려오던 것으로 『증보산림경제』에 보면 "부엌을 서남쪽에 두면 좋지만 서북쪽에 두면 좋지 않다"는 문구가 보이기도 한다.

이제 부엌은 좋은 자리 잡아 앉았으니 채광이 문제다. 지금이야 갖은 조명기구들이 멋스럽게 달려 있는 것이 주방이지만 당시야 호롱불 하나 심지 돋우어 놓으면 그것이 전부였을 것이다. 아궁이에서 나오는 연기는 부엌을 가득 채우고도 남아 마당으로 스멀스멀 흘러나오곤 했다. 그래서 부엌문은 언제나 아궁이를 마주보고 양쪽에 두었다. 연기를 잘 빠지게 하기 위함이다. 그런가 하면 마당으로 붙은 벽에는 살창을 만들어 달았다. 요즈음 주방은 고기라도 구울라 치면 아무리 팬이 돌아가는 후드가 있고 그릴이 있다 해도 집 안이 연기와 냄새로 가득 차게 되는 것은 어쩔 수 없다. 그러나 예전 우리 집 부엌에 붙어 있던 살창은 한겨울 부엌문을 꽁꽁 닫아 놓아도 환기창 역할을 충실히 했던 것이다.

외갓집에 가면 외할머니는 그 살창에다가 장에 가서 사온 청어를 걸어두곤 했다. 시골이었던 외갓집의 부엌은 언제나 나무를 때서 음식을 했고 그 덕에 넓은 부엌은 항상 연기로 가득 차 있었다. 한겨울에는 더욱 심해 불을 때는 이모와 함께 아궁이 앞에 앉아 눈물을 찔끔거리곤 했다. 나와 이모를 울게 만들던 그 연기는 더러는 천장으로 올라가고 더러는 굴뚝으로 빠져나갔지만 굴뚝이 높으면 열 손실이 크니 그것조차 낮은 형편이었다. 그러니 그 많은 연기들은 청어가 서너 두름 달려 있는 살창을 통

해 빠져나갔고 청어는 그 연기를 흠뻑 쬐며 훈제 아닌 훈제가 되었던 것이다. 그것이 바로 과메기다. 요즈음 이야기하는 꽁치를 꾸득꾸득하게 말린 것하고는 다른 것이다. 외할머니는 그것으로 국을 끓였다. 봄이 되면 밭두렁에 가서 쑥을 뜯어다가 겨우내 연기 속에서 자연 훈제가 된 과메기를 아낌없이 넣고 쑥국을 끓여 냈던 것이다. 그 맛이란 무엇이라 형언하기가 힘들다.

부엌에 가득하던 연기가 빠져나가면 그 창으로 빛이 들어왔다. 맑고 고운 햇빛이 가득 들어오는 것이다. 자연 조명이다. 연기가 빠져나갈 때 마침 그곳으로 햇빛이 비쳐 들면 어린 나는 그 장면을 무척이나 아름답다고 여겼다. 그리고 우리 형제들은 그런 모양을 보고 손오공 구름이라고 부르며 좋아했다. 그때쯤 이모는 삽에다가 사과를 올려 숯불만 남은 아궁이에 밀어 넣어 놓았다가 꺼내주곤 했다. 사과를 구워 먹은 것이다. 말랑말랑하게 익은 사과의 그 황홀한 맛과 찬란하며 부드럽게 빛나는 연기가 넘실대던 외갓집의 부엌을 나는 오래도록 잊지 못할 것만 같다.

그처럼 부엌이 유난히 문과 창을 가지고 있었던 것은 환기와 채광 두 가지를 해결해야 했기 때문이다. 하지만 겨울이면 문과 창이 많았던 만큼 추웠던 것은 어쩔 수 없이 어머니들이 감내해야 하는 어려움이기도 했다. 아궁이라는 것은 방 안이나 솥으로만 열기를 전할 뿐 부엌이라는 공간에 대한 난방은 따로 없었으니 방 안에 둔 자리끼조차 꽁꽁 얼어 버리는 한겨울의 삭풍을 어찌 견뎠을까 싶기도 하다.

조왕신의 입에 엿을 붙이다

그런가 하면 부엌에는 어머니 말고 또 다른 분이 계셨다. 그니는 집안에서 으뜸가는 여신인 조왕신竈王神이다. '변소 이야기' 편에서 자세히 이야기 했듯이 그니는 변소각시와는 앙숙인 안주인과도 같은 존재이다. 우리들에게 어머니가 그렇듯이 조왕신 또한 한 집안을 관장하는 신이다. 그니는 일 년 동안 그 집에서 일어난 대소사를 눈여겨보고 있다가 음력 12월 25일이면 옥황상제에게로 간다. 아궁이를 지나 굴뚝을 통해서 하늘로 가는 것이다. 그리곤 조목조목 옥황상제에게 그 집 사람들이 한 착한 일과 나쁜 일을 말하고는 섣달 그믐날 다시 돌아온다. 옥황상제는 조왕신이 보고하는 것을 토대로 극락과 지옥으로 보낼 사람을 구분하는 것이니 무시무시한 일이 아닐 수 없다. 그러니 일 년 동안 나쁜 일을 많이 했다고 생각하는 사람들은 12월 24일 밤에 흙을 개어 아궁이를 막아 버리거나 엿을 붙여 두곤 했다. 조왕신을 아예 옥황상제에게 가지 못하게 하거나 가더라도 조왕신의 입에 엿이 달라붙어 입이 잘 벌어지지 않게 하려는 것이었다.

　지금 생각해 보면 우스꽝스럽지만 할머니는 그 이야기를 너무도 진지한 얼굴로 해주었다. 그 탓에 형제들은 모두 사실로 믿었던 것이다. 그렇지만 이야기를 들을 때뿐, 망나니같이 천방지축인 우리들이 그것을 염두에 두었을 리 만무하다. 그러나 설날이 가까워 올 무렵 할머니가 "어제 조왕할매가 그카던데 지누 니 올게 착한 일은 안 하고 말썽만 부리고 엄마 일도 안 도우고 그랬나빈서, 그거 전부 하늘에 가가 일러 순다 카더라. 니 인자 우짜노. 낼 간다 카던데"라고 하셨다. 그때부터 나는 안절부절이었다. 잠시 얌전해지고 착해지긴 했으나 이미 때는 늦었으니 어쩔까나.

조왕신이 나의 말썽을 낱낱이 다 일러바쳤을 테니 말이다.

초등학교 1학년 때, 어머니 몰래 아궁이에 엿을 붙여 놓았던 적도 있었다. 그해 봄에 내가 집에 불을 냈기 때문이다. 다행히 불은 이내 꺼졌지만 나는 옥황상제가 그 일을 알면 가만 두지 않을 것이라고 생각했다. 먹기도 아까운 엿을 질겅질겅 씹어 붙였건만 다음날 아침, 나는 웃음거리가 되고 말았다. 어머니와 아버지는 배꼽을 잡고 웃으셨고 더군다나 아궁이에 붙인 그것이 밤새 녹아내려 오히려 혼만 나고 그것을 떼어 내느라 고생만 했다. 뒤에 그 이야기를 들은 할머니가 "지누야, 그래 겁나디나. 담에 내가 조왕할매한테 물어보이 그거는 말 안했다 카더라. 그라이 내년에는 엄마 말 잘 듣고 형제들하고 친구들하고도 싸우지 말고 그래야 된데이, 알았제"라고 하셨다. 나는 주눅이 들어 "예"라고 하긴 했지만 다음해에 대답처럼 정말 그랬는지는 잘 기억이 나지 않는다.

조왕신은 대개 부뚜막에 떠 놓는 물 한 종지로 그 모습을 대신한다. 더러는 보름이나 초하룻날 새 물을 떠 놓기도 했지만 날마다 깨끗한 물을 올리는 것으로 조왕신에게 드리는 치성을 갈음했던 것이다. 또한 조왕신은 부엌, 곧 아궁이와 부뚜막을 관장하는 신이었다. 따라서 여자들과 깊은 관계였으며 자연히 민속적인 요소를 더 많이 지니고 있다. 조왕신만을 위한 굿이 있는가 하면 정월대보름날 지신밟기에서도 부엌의 조왕신을 위한 축원이 따로 있었으니 말이다. 하지만 유교에서도 부엌신, 곧 조왕신을 섬겼다. 그만큼 부엌이라는 존재가 지니는 의미가 컸던 것이라고 할 수 있다. 조선 후기의 문신인 백호白湖 윤휴(1617~1680)의 문집 『백호전서白湖全書』 18권은 주로 집과 관련된 제문들을 남긴 고유문告由文 편이다. 그곳에 부엌신에게 올리는 제문인 「제조의祭竈儀」가 남아 있는데 다음과 같다.

　　부엌신의 신위는 사당문 동쪽에서 서쪽을 향하고 있게 된다. 일 보는 이가 부엌신 앞에 탁자를 놓고 그 위에 위판位版을 올려두고 그 앞에 향안香案을 설치하고 띠 풀을 묶어 위판 앞에 꽂아 둔다. 그리고 또 사당문 외실에다 동을 향하도록 안석과 자리를 마련하면 주인이 동쪽을 향하여 강신한다. — 분향하고 재배한 다음 술을 부어 놓고 재배한다. — 일 보는 이가 위판을 모셔다가 안석 위에 올려놓고 제사음식을 진설하는데 사당 안에서 하는 것과 같이 하고 주인은 동쪽 계단으로 올라와 참신參神을 올린다. — 그 자리에 있는 자 모두가 재배한다. — 주인이 내려와 손을 씻고 술잔을 씻은 다음 신위 앞으로 가서 술잔에 술을 부어 신위 앞에다 올리면 일 보는 이가 그 술잔을 도로 내려 주인에게 준다. 그러면 주인은 꿇어앉아서 그 술잔의 술을 세 번 띠 풀 위에다 조금씩 부으면 일 보는 이가 도로 받아 올려놓고 적炙을 올린다. — 메기장·찰기장·생육牲肉도 있으면 제물로 쓴다. — 주인이 재배하면 축관이 축문을 읽고 축문이 끝나면 주인이 또 재배하고 머리를 조아린 후 물러나와 동계 아래에서 서쪽을 향해 서 있는다. 그리고 일 보는 이들도 모두 돌아와 동서로 갈라서서 밥 먹는 시간 정도까지 기다렸다가 축관이 제자리로 돌아올 것을 청하면 주인 이하 모두가 다시 제자리로 간다. 이어 주인이 올라가서 재배하고 사신辭神한다. 그 자리에 있는 모두가 재배하면 축관이 위판과 축문을 거두어 불에 태우고 부엌신 신위도 철거한다.

분배가 이루어지는 신성한 장소

어머니는 우리가 중학생이 되어서야 한옥에서 벗어났다. 신식 양옥집으로 이사를 하게 된 것이다. 그것은 곧 어머니가 문턱이 닳도록 드나든 깊은 부엌 바닥을 벗어났다는 말과 같은 것이다. 어머니는 더 이상 쭈그리고 앉아서 일을 하지 않아도 되었고 밥상을 들고 높은 문턱을 오르내리지 않아도 되었다. 그러나 몇 년 후, 어머니는 뜬금없이 허리가 아프다는 말씀을 자주 했다. 다리도 아프다고 했다. 나이가 들어서 그렇겠거니 했지만 꼭 그것만은 아니었다. 어느 날 모든 화장실이 재래식에서 수세식으로 바뀌면서 더 이상 암모니아 냄새를 맡지 못하게 된 도시인들에게 찾아온 간염이라는 현대병이나, 단독주택에서 아파트나 빌라라는 공동주택으로 이사하고 난 후 겪어야 하는 건조성 간지럼증과 같이 어머니에게도 주거환경의 변화에서 오는 병이 찾아온 것이다.

  한옥을 이야기할 때 가장 으뜸으로 불편한 것 두 가지가 부엌과 화장실이다. 그러나 그 불편이 때로는 합리적이라고 생각해 볼 필요도 있다. 부엌에서의 일과 밥상을 들고 마루나 안방으로 오는 동선은 매우 합리적이다. 앉았다 일어나기를 반복하는가 하면, 계단을 오르듯 마당으로 올라서고, 잠시 평지를 걷는가 싶으면 어느새 댓돌에 올라서야 하니 이는 지금의 부엌구조보다 합리적인 동선임을 부정할 수 없다. 분명 힘이 드는 일임에는 틀림이 없으나 당시의 노동구조나 노동의 양을 따져 보았을 때 이는 스트레칭에 가까운 것이고 그렇게 단련되지 않은 몸으로는 당시의 노동을 견디지 못했을 것이다.

  그것이 갑자기 풀어진 것이다. 어머니의 허리는 더 이상 구부릴 필요가 없었고, 발바닥은 울퉁불퉁한 바닥을 더 이상 밟지 못했던 것이다. 좌식문화에서 하는 노동과 입식문화에서 하는 그것을 온전히 같은 잣대로 잴 수는 없는 것이다. 그것이 비록 지금에 와서는 불편한 무엇이겠지만 당시로서는 분명 합리적인 것이었음을 이제야 깨닫는다. 그렇지만 간혹 어머니의 허리를 주무르면서 그 감사함에 머리 숙여지는 것은, 그 강도 높은 노동을 감내하면서도 한번도 그 고통을 우리에게 보이지 않고 늘 우리 형제들을 향한 미소를 잃은 적이 없었다는 것이다.

　부엌이 여성들만의 고유 공간이듯이 가족을 위해 음식을 만드는 것은 여성만의 고유 권한이다. 인류학적으로 남성들은 한 가족이 먹고 입고 생활해야 하는 모든 것들을 생산하는 책임을 진다. 사실 그들은 생산만 해 놓으면 그뿐이다. 자식에서부터 집 그리고 돈까지……. 그러나 여성들은 그것을 고르게 분배하여 또 다시 생산을 해올 수 있는 동력을 만들어 줄 의무를 지닌다. 그리고 부엌은 바로 분배가 이루어지는 가장 중요하며 신성한 장소인 것이다. 어머니는 그곳에서 늘 즐거운 마음으로 오늘은 계란찜을 하고 내일은 검정콩을 밥에 올리고 하면서 나눔을 가늠하였을 테고, 그것은 바로 한 집안을 일구는 살림이었던 것이다. 그것에서 서로의 역할이 조금만 어긋나도 그 집안은 삐거덕거리기 시작하는 것 아니겠는가.

　살림, 그것의 시작은 바로 부엌이다. 갓 시집 온 며느리가 부엌에 수십 년을 드나들고 나면 시어머니에게서 물려받는 것이 있다. 바로 집안 살림을 할 수 있는 여러 가지 재료들이 가득 들어찬 광의 열쇠이다. 이웃한 일본에서는 아예 밥주걱을 며느리에게 물려준다. 이는 부엌이 사람살이에서 그만큼 중요한 매력적인 장소라는 것을 말하는 것과 같다. 그러나 오늘날 부엌에 들어가는 일 자체를 고통이라 여기는 경향이 많아지는 것은 어쩔 것인가. 그것은 우려해도 좋을 만한 일이지 싶다. 시 한 편 읽는다.

부엌에서는 / 언제나 술 괴는 냄새가 나요. / 한 여자의 / 젊음이 삭아가는 냄새 / 한 여자의 설움이 / 찌개를 끓이고 / 한 여자의 애모가 / 간을 맞추는 냄새
부엌에서는 / 언제나 바삭바삭 무언가 / 타는 소리가 나요. / 세상이 열린 이래 / 똑같은 하늘 아래 선 두 사람 중에 / 한 사람은 큰방에서 큰소리치고 / 한 사람은 / 종신 동침계약자, 외눈박이 하녀로 / 부엌에 서서 / 뜨거운 촛농을 제 발등에 붓는 소리.
부엌에서는 한 여자의 피가 삭은 / 빙초산 냄새가 나요. / 그런데 언제부터인가 모르겠어요. / 촛불과 같이 / 나를 태워 너를 밝히는 / 저 천형의 덜미를 푸는 / 소름끼치는 마고할멈의 도마 소리가 / 똑똑히 들려요. / 수줍은 새악시가 홀로 / 허물 벗는 소리가 들려와요. / 우리 부엌에서는……
  — 문정희의 「작은 부엌 노래」 전문

09
마루 이야기

동동구리무장수와 각설이

김일의 헤딩과 부러진 다리

역도산, 김일, 천규덕 그리고 일본의 안토니오 이노키. 이들은 골목길을 주름잡던 초등학교 3학년 조무래기들의 우상이었다. 레슬링 중계방송을 하는 날이면 우르르 만화가게로 몰려가곤 했지만 낮에 미리 만화를 보고 텔레비전을 볼 수 있는 딱지를 얻어 두지 못한 아이들은 안경 너머로 노려보는 눈이 매섭던 주인아저씨 땜에 감히 들어가지는 못하고 눈치만 살피며 얼씬대곤 했다. 안에서 텔레비전을 보던 아이들이 간혹 밖으로 나와서 중계방송을 대신 해줬지만 "와" 소리가 나면 이내 안으로 사라져 버리고 말았던 서러운 시절, 드디어 우리 집 안방에도 진공관 라디오를 대신 할 텔레비전이 놓였다. 브라운관 앞에 미닫이문이 있고 양쪽에는 큼지막한 스피커가 달렸고 네 다리를 반듯이 세운 거대한 물건이었다.

잊히지 않는 그날은 삼일절이었다. 기술자 아저씨가 지붕 위에 안테나를 세우느라 두어 시간 가까이 씨름을 하는 동안 아직 전기도 꽂지 않은 텔레비전이 나온다는 소리가 났다. 구경 온 친구 중 한 명이 굳게 닫혀 있던 브라운관 앞의 미닫이문을 살짝 열었던 모양이다. 달려가 보니 새까만 브라운관에 자기들의 모습이 비쳤을 뿐인데도 함성을 지르고 있었다. "야. 임마. 니는 와 이거 맘대로 열고 거 카는데. 이기 니 끼가. 우리 끼지. 니는 여서 나가라 고마. 울 아부지도 아직 안 열어 봤는데……. 문디 같은 놈, 니가 뭔데 열고 거 카노. 니 때문에 다 닳겠다. 여 있지 말고 너거 집에 가라." 재산목록 3호쯤으로 등재되고도 남음이 있었을 그것을 허락도 없이 만지다니, 나는 그 녀석을 집 밖으로 내모는 가혹한 응징을 했다.

  친구가 툴툴거리며 대문 밖으로 나가는 것을 보고 종종걸음으로 돌아오자 기술자 아저씨가 막 스위치를 켜고 있었다. "옹" 한참만에야 소리부터 나오기 시작한 텔레비전에서는 정인보 선생이 가사를 쓴 삼일절 노래가 가냘프게 흘러나왔고 이내 태극기를 들고 달려가려는 듯한 자세를 취한 유관순 누나의 모습이 나왔다. 아! 그 감동이란, 대단한 것이었다.

  그날 저녁, 만화가게로 몰려가던 스무 명 남짓한 조무래기들이 모두 우리 집 마루에 모였다. 삼일절 기념 한·일 레슬링 중계방송이 있었던 것이다. 어른들은 연신 조용히 하라고 했지만 어찌 그럴 수가 있었겠는가. 아이들의 재잘거림은 우리 집 마당을 가득 채우고 그것도 모자라 판자를 얼기설기 세워 놓은 담을 넘어도 너끈할 정도였으니 어른들은 정작 레슬링은 보지 못하고 수선스러운 아이들만 바라봤지 싶다. 그 참에 거의 질 뻔하던 김일 선수가 이마에 흐르는 피를 쓱 훔치고는 연달아 박치기를 하면서 전세를 뒤집으면 어른 아이 가릴 것 없이 질러대는 박수와 함성에 기와지붕이 들썩거리는 듯했다. 물론 나라고 별 수 있었겠는가. 소리소리 지르며 펄쩍펄쩍 뛰었음은 물론이다.

해가 바뀌고 설날 하루 전인 작은 설날, 설빔을 미리 얻어 둔 탓에 넉넉한 마음으로 골목길에 나가니 조무래기 동무들이 화약놀이를 하고 있었다. '뺑뺑' 폭음탄이라고 부르던 그것은 소리를 잘도 내며 터졌지만 금방 시들해진 우리들은 레슬링을 시작했다. 구멍가게 앞에 놓인 평상을 링으로 삼고 가게 아저씨를 심판 삼아 나는 당수가 일품이었던 천규덕이 되었다. 이리 구리고 저리 구르고 하는 통에 제대로 손 한번 써 보지 못하고 나는 그만 평상과 담의 틈새에 다리가 빠지고 말았다. 그리곤 소리 내어 울 뿐 일어나지를 못했다. 다리는 금세 퉁퉁 부어올랐고 절룩이면서 집으로 갔지만 아무도 없었다. 작은 설날이었던 탓에 어머니와 형 그리고 동생은 모두 일이 많은 큰집에 가 있었다. 깨금발로 마당까지 들어서기는 했지만 문제는 그 다음부터였다.

댓돌 위에서 서럽게 운 까닭

댓돌에 걸터앉는 것까지는 어찌 성공했으나 도무지 마루에 오를 수가 없었다. 가지 못할 곳 없고 오르지 못할 곳 없을 것 같았던 다리는 점점 더 부어올라 통증이 더해 오고 옴짝달싹할 수 없는 처지가 되어 2월의 찬바람을 맞으며 빈집에서 홀로 울고 있었다. 얼마나 지났을까. 울음소리를 듣고 달려온 옆집 아주머니 덕에 어머니에게 연락이 되고 병원으로 옮겨 진찰을 하니 다리가 부러졌다고 했다. 깁스를 하고 돌아온 그해 설날은 미리 마련해 둔 설빔을 입고 폼을 재기는커녕 세뱃돈조차 한 푼 거두질 못한 채 겨우 눈물에 불어 터진 듯한 떡국이나 한술 뜨고 마는, 최악의 설날이 되고 말았다.

세월이 흘러 몇 해 전 가을, 뜬금없이 내 작업실에 마루가 생겼다. 외국으로 떠나야 하는 친구가 작업실 살림살이를 처분한다며 마음에 드는 것 중 하나를 고르라고 했다. 멈칫, 잠시 미안한 듯한 표정을 지었지만 입가로 번져 나오는 미소를 막지는 못했다. 언제나 그 친구 작업실에 가면 걸터앉던, 땟국이 반질반질하게 흐르는 마루가 눈에 들어왔기 때문이다. "나 저거 줘라." "그럴 줄 알았다. 너는 저게 뭐가 좋다고 그렇게 호들갑이냐." "저거……, 그냥 내 엉덩이하고 궁합이 딱 맞더라. 딴 데 앉는 거보다 편해."

그림을 그리는 친구의 고향은 화양동 계곡이 있는 충청도 어디쯤이었다. 십 년이나 됐을까. 하루는 그 친구에게 전화가 왔다. "어이, 시간 나면 우리 고향에 한번 가자. 집이 헐린다니까 가 봐야 되는데 바람 쐴 겸 갔다 오자." 그렇게 용달차를 빌려 타고 친구의 고향에 닿는 동안 그는 두 시간이나 걸어야 학교에 닿을 수 있었던 가난한 시절 이야기를 들려주었다. 이윽고 집에 다다르자 모두 떠나 휑한 빈집을 서너 바퀴나 돌더니 하잘것없어 보이지만 추억이 고스란히 담겼을 나지라기를 주섬주섬 챙겨서 자동차에 실었다.

"이제 됐다. 그만 가자. 내일이면 이거 전부 부서진다니까 사진이라도 한 장 찍어 봐라"며 마당으로 불쑥 나와 있는 뜰 마루에 걸터앉는 것이 아닌가. 그러나 나는 사진을 찍지 않았다. 대신 "야, 너는 정신이 있는 놈이냐. 여까지 와서 뭐라도 가져갈 거면 그 마루를 뜯어 가야지. 딴 거 백날 가져가 봐야 뭐 하나. 두고 보는 게 좋으냐. 니가 쓰는 게 좋으냐. 이거 가져가면 책상이라도 쓰겠다"라며 타박을 했다. "뜯을 수 있겠냐." "그럼." 둘이서 낑낑대며 애를 쓴 덕에 그 마루는 부서지거나 불타는 것을 면하고 친구의 작업실로 들어갈 수 있었다. 그로부터 한참 뒤에 작업실에 갔더니 반질반질 윤이 나게 닦아 놓은 것은 물론 떼어 놓고 온 다리 대신 아예 다부진 모양으로 새로 만든 다리까지 붙여서 앉은뱅이책상을 만들어 놓았다. 그것을 이제 내가 가지게 된 것이다.

그러나 나는 그 마루를 책상으로 쓰지 않는다. 허드레 물건들을 잔뜩 쌓아 놓긴 했지만 여름이면 어김없이 그 위에 배를 깔고 누워 있기를 즐긴다. 가난한 집 뜰 마루였던 탓에 길이가 짧아 발이 허공에 뜨곤 하지만, 엎드려서 맡는 마루 특유의 묵은 냄새는 내 발이 밖으로 삐져 나갔는지조차 잊어버리게 하기에 충분하다. 그런가 하면 또 값비싼 소파를 마다하고 그곳에 걸터앉기를 즐긴다. 엉덩이가 나무랄 데 없이 착 달라붙는 나무판도 그렇거니와 바닥에서 마루로 이어지는 높이는 의자와 달리 나에게 너무나 알맞기 때문이다.

하지만 다리가 부러졌던 그때는 댓돌 위에까지는 올라섰건만 버둥버둥 아무리 애를 써도 그 마루의 높이를 오를 수가 없었기에 그토록 서럽게 울었던 것이다.

일곱 자 반 그리고 비트루비우스

그렇다. 요사이 사는 집들은 바닥이나 천장이나 가릴 것 없이 모두 평면일 뿐이지만 우리네 옛집은 그렇지 않았다. 마당을 기준으로 높낮이를 두어 집 안을 다니는데도 오르락내리락 해야만 했다. 그것이 불편하다고 생각하는 이들이 많을 테지만, 천만에 그것은 우리들의 몸을 자연스럽게 스트레칭시켜 주는 것이기도 했다. 그 높이와 길이는 어디에서 나왔을까. 옛사람들의 높이와 길이는 모두 사람의 몸에서 나왔다. 손의 매듭과 매듭 사이를 마디라 했고 어른 손가락 마디 하나를 한 치(寸)라 했다. 한 치를 열개로 쪼개면 한 푼(分)이 되었고 또 한 치를 길이로 열개를 더해 늘어놓으면 한 척, 즉 한 자(尺)가 되었다. 한 자는 지금으로 치면 30.303 센티미터 정도이다. 본디 자는 펼친 손바닥의 엄지손가락 끝에서 가운뎃손가락 끝까지의 길이를 이른 것이며 한문인 척尺은 손바닥을 활짝 펼친 모양을 한 상형문자이다. 그러므로 한 자의 길이는 처음에는 18센티미터에 가까웠을 것이나 그 후, 23, 24.5, 32.2, 31.22센티미터로 바뀌어져 오다가 구한말인 1902년에 일본의 척도 단위인 곡척曲尺으로 바뀌면서 30.303센티미터로 되었다.

여하튼 '자'가 여섯 개가 모이면 집의 칸 수를 결정하는 간間이 되었다. 즉 한 간은 여섯 자로 1.8181미터이다. 이 또한 사람이 누웠을 때의 여유 공간까지 계산된 것임은 물론이고 한 평坪은 사방 여섯 자가 된다. 또 자가 열 개 모이면 장丈이라 했지만 중국의 주나라에서는 여덟 자를 1장이라고 보고 어른의 키를 1장이라 여겼다. 당시는 23센티미터를 한 자라 했으니 여덟 자면 184센티미터에 달하는 큰 키였다. 당연히 '8척 장신'이라는 말은 여기에서 나왔고 '장'은 '길'이라는 우리말로 불렸다. 대체로 깊이를 이야기할 때 '사람 한 길은 되겠다'라고 하는 것이 바로 그것이다.

옛집 어디를 가서 방바닥에서부터 천장까지의 높이를 가늠해 보라. 그것은 대개 일곱 자 반, 즉 227센티미터를 넘지 않는다. 이것은 또 왜 일까. 이는 사람이 앉아서 편안하게 보는 눈높이가 두 자 반인 75센티미터라는 계산에서 나왔다. 거기에다가 옛사람의 평균 키인 다섯 자, 151센티미터를 더하면 일곱 자 반이 된다. 그래야 아늑해 보인다고 여겼다. 드넓은 자연 속에서 일을 하다 돌아와 지친 몸을 누이는 방이 휑하게 썰렁하여도 안 되었겠지만 답답하리만큼 작아서도 안 되었던 것이다. 이는 예전과 달리 바닥에 앉는 것보다 의자 생활을 많이 하는 요사이도 마찬가지로 적용되는 치수이다.

이는 기원전 1세기경에 열 권의 『건축서』를 쓴 비트루비우스Marcus Vitruvius Pollio가 이야기하는 대칭적 비례(Symmetry)와도 통한다. 즉 사람의 얼굴은, 턱에서 이마 위 머리카락이 있는 부분까지이며 이는 신장의 10분의 1이고, 손바닥은 손목에서 가운뎃손가락 끝까지의 길이를 말하는 것이며 이는 팔 길이의 10분의 1이다. 또 머리는 턱에서 머리끝까지로 신장의 8분의 1이라는 것이다. 팔등신이라는 것은 바로 이 비례가 정확하게 맞아 떨어지는 사람으로 그리스나 로마의 신전은 모두 이 비례와 같이 신이 내린 비례에 맞추어 지어져야 한다고 했다. 그런가 하면 사람이 양발과 팔을 활짝 펼치고 누웠을 때 배꼽에다 컴퍼스의 한쪽을 놓고 돌리면 정확하게 양 손의 끝과 양 발의 끝을 지나가는 원을 이루며 양 발을 붙이고 팔을 펼치면 정사각형이 된다고 했다.

이는 사람의 몸이 신이 내린 가장 자연스러운 구성체라고 했을 때의 아름다움은 사람의 몸에서 나오는 것이며 그것의 궁극적인 끝은 안정되고 자연스러운 조화라는 말일 것이다. 결국 아름답다는 것은 자연스러움을 거스르지 않는 것이며 그것과의 솜씨 있는 조화야 말로 빼어난 아름다움을 만들어 낼 수 있다는 것이다. 눈으로 보아서 편한 것은 몸으로 느끼기에도 마찬가지다. 동과 서를 가리지 않고 사람이 사는 집을 짓는 데 중심은 사람이었던 셈이다.

다섯 자의 여유와 제사

그렇듯 사람 중심에서 우리들의 머리 위로 남겨 두는 공간은 다섯 자 높이였다. 방은 주로 앉아서 생활하는 공간이지만 마루는 옛집에서 유일하게 앉아서 하는 생활이 반, 서서하는 생활이 반인 공간이다. 그렇기에 천장 높이가 방과는 달랐다. 방 천장의 높이가 일곱 자 반이라면 마루는 그보다 높은 열 자로 잡았으며 천장에 반자를 하지 않아 훨씬 높고 넓게 보였다. 방의 천장 높이가 머리 위로 다섯 자의 여유를 주었듯이 마루 또한 평균 키인 다섯 자에 위로 다섯 자를 더해 열 자로 잡았다. 그것은 사람이 섰을 때의 답답함이나 갑갑함을 견디는 최소한의 높이였을 것이다.

작은집이었던 우리는 제삿날이 되면 이웃에 있는 큰집으로 가야 했다. 제사야 자정이 갓 지난 시간에 치를 것이지만 일찌감치 큰집으로 간 조무래기들은 마당에 멍석을 깔고 지푸라기를 둘둘 말거나 새끼줄에 재를 묻혀 제상에 오를 놋그릇과 수저를 닦았다. 얼굴이 비칠 만큼 윤이 나게 닦아 놓고 방으로 들어가면 할아버지와 큰아버지 그리고 사촌형님들이 앉아 밤을 치며 두런두런 이야기를 나누고 있었다. 그리고 그 한쪽에선 붓글씨 솜씨가 남달랐던 아버지가 지방을 쓰고 계셨는데, 그 방의 크기는 그리 넓지 않았다. 대개 여염집의 큰방은 세 사람이 서로 꼬리를 물고 누울 수 있는 길이인 열다섯 자를 넘지 않는다. 그곳에 농이 들어가고 문갑이 들어가고 나머지 세간이 채워지고 나면 둘이 넉넉하게 누울 수 있는 자리가 겨우 남았던 것이다.

그런가 하면 부엌과 마루는 여인네들 차지였다. 큰어머니와 누님 그리고 어머니는 부엌과 마루를 오가며 음식을 만들고 나르느라 분주히 몸을 놀렸고 할머니는 마루에서 상차림을 챙기기 바빴다. "야야. 누고. 지누 아이가. 저 가서 히야하고 같이 평풍 가 온나. 큰 아부지한테 물어보마 어데 잇는지 갈키 줄 끼다." 낑낑대며 병풍을 들고 가면 "아부지한테 지방 다 썼시마 가 오라 케라. 인자 다 돼 간다. 큰 아부지한테 준비하라 카고 ……" 물론 둘째가라면 서러웠을 개구쟁이인 내가 그 일만 하고 있었겠는가. 재미없는 심부름만 해야 하는 마루에서 얼른 빠져나가 부엌에서 나오는 음식 나르는 일을 자청하곤 했다. 지금 와 생각해 보면 여자가 귀한 집안이라 남자들이 부엌을 드나드는 일이 다른 집보다는 자연스러웠던 것 같다. 부엌과 마루, 대여섯 발짝밖에 되지 않는 거리를 오가며 나르는 제상에 오를 음식이 내 손에 들어왔으니 주인 없는 생선가게를 만난 고양이가 된 것이다. 당연히 음식에 손을 댔고 조상님들 드실 음식에 미리 손을 대 부정 탄다고 어른들의 호통이 날아오는 것은 감수해야 하는 일이었다.

드디어 할아버지와 큰아버지 그리고 아버지와 사촌형들이 옷을 갖추어 입고 어른들은 머리에 갓을 쓰고 마루로 나왔다. 분위기는 일순 엄숙해졌고 조무래기들도 그 곁에 서긴 했지만 자정을 갓 넘긴 시간이니 꾸벅꾸벅 졸기 일쑤였다. 향을 피우면 술을 따르고 절을 하고 그렇게 제사가 끝나는 동안 몇 차례의 절을 했는지도 모르지만 빨리 끝나기만을 기다렸다. 낮부터 자정이 넘도록 꿀밤을 맞으면서도 졸음을 참으며 서 있는 까닭은 제사상에 있는 저 맛난 음식을 먹어야 하기 때문이었다. 이처럼 서 있는 일이 많은 곳. 그곳은 우리네 집에서 마루밖에 없었다.

마루는 옛집에서 가장 오래도록 서 있는 공간이기도 하지만 신성한 공간이기도 했다. 제사란 조상에게 오늘이 있기까지의 감사함을 표하고 앞으로의 길에 지킴이로 있어 달라는 감사와 기원의 의례가 아니던가. 그런 중요한 의례는 집의 중심이 되는 곳에서 지내게 마련이다. 집안을 돌봐 주는 조상신에게 드리는 제사를 집의 변방에서 지낼 수는 없는 일이다. 그러니 마루는 집의 중심이 되는 곳이며, 예나 지금이나 마루나 마루를 대신하는 거실이 앉은 방향을 보고 동향집이니 남향집이니 하는 것 또한 마루가 집의 중심인 탓이다.

동동구리무장수와 각설이 그리고 이웃

그 중심을 통하지 않으면 안방에서 건넌방으로 갈 수가 없었으며 마당에서 안방이나 건넌방으로 가기 위해서도 반드시 마루를 통해야만 했다. 그런가 하면 우리 옆집에 살던 판종이라는 친구의 어머니는 우리 집에 마실을 와도 방 안에까지 들어오는 법은 거의 없었다. 대개 마루에 걸터앉아 어머니와 이야기를 나누다 돌아가곤 했으며 그것은 김장을 담글 때나 메주를 쑬 때도 마찬가지였다. 추운 겨울에는 서로 오가는 마실도 삼갔지만 그런 날씨가 아닌 다음에는 찾아온 사람들과의 볼일은 마루나 마당에서 모두 끝나는 것이 일반적이었다.

  대문 밖에 바깥마당이 있는 경우는 달랐겠지만 그렇지 않은 집일 경우, 대문을 들어오면 마당 다음으로 뭇사람들에게 열린 공간이 마루이다. 그러나 그 공간 또한 집주인과의 긴밀도에 따라 마당, 마루 그리고 방으로 드나들 수 있는 자격이 주어졌다. 어린 시절 무던히도 많았던 각설이나 탁발승은 결코 주인의 허락 없이 대문 안을 들어오지 않았다. 그건 동동구리무장수와 방물장수들도 마찬가지였다. 그들은 대문을 들어오기는 했으되 마당에서 주춤거릴 뿐 마루에 덥석 앉지는 못했다. 어머니의 허락이 떨어지고 난 다음에 비로소 마루에 올라앉아 보따리를 펼치며 장사를 시작했다.

앞서 이야기한 판종이네 어머니나 이웃들도 마당까지는 무시로 드나들지만 인기척이 없으면 "거 누구 있나? 아무도 없나?"라며 쭈뼛거리다가 내가 고개라도 내밀라 치면 "지누 아이가. 엄마는 어데 갔노.""아입니더 안에 계십니더"라고 하면 그제야 어머니는 "누꼬, 누가 왔나"라며 마루로 나오곤 했다. 하지만 나를 무던히도 귀여워하던 막내이모는 달랐다. 아직 고등학생이던 이모는 학교를 마치고 언니네 집에 마실을 오면 불쑥 방 안에까지 들어와 "엄마는 어데 갔노. 너것들 끼리 있나. 밥은 뭇나"라며 따끈한 국화빵 봉지를 내려놓곤 했다.

이런 행동들은 묵시적인 공간 구성에 따른 것이다. 뭇사람이 걸터앉을 수 있는 마루는 사회적 공간이긴 하되 마당보다는 덜 열린 곳이다. 그런가 하면 방은 집안 식구들 정도만 드나드는 마루보다 훨씬 닫힌 공간이다. 이는 여염집보다 반가로 가면 갈수록 그 정도가 더 심했고 반가나 관청의 대청은 아무나 함부로 오를 수 없는 권위를 지니고 있기도 했다. 우리 집 마루에는 안방에 놓여 있던 텔레비전 탓에 저녁이면 온 마을의 조무래기들이 소박한 마음으로 모이는 열린 공간이었지만, 사또가 머무는 동헌의 대청에는 의자가 놓이고 사또가 앉아 죄인을 내려 보며 호통을 치는 엄한 권위가 돋보이는 장소였다.

대감이 머무는 사랑채 또한 마찬가지다. 그렇게 반가로 갈수록 대청에 살림살이를 두지 않고 권위만 두었지만 어디 여염집에서야 그럴 수 있는가. 헛간 같은 것을 제대로 갖춰 놓고 살기 힘드니 쌀을 담는 뒤주며 다듬잇돌. 그리고 광주리 같은 것들이 주렁주렁 걸려 있거나 시렁 위에 올려져 있곤 했다. 다만 반가에서도 안채 마루에는 시렁을 만들고 그 위에 소반이며 채반 광주리 같은 안살림에 필요한 살림살이들을 올려놓는 수더분한 공간이 되긴 했다.

그렇다면 마루라는 곳은 담과 마찬가지로 바깥과 안을 단절시키는가 하면 또 연결시키는 매개적 공간이다. 이러한 마루는 대청마루와 쪽마루(뜰 마루) 그리고 툇마루와 누마루로 나뉘며 거기에 더해 다른 곳은 여느 방과 다름없지만 바닥이 온돌이 아니라 마루로 깔린 마루방으로 나뉜다. 쪽마루는 대개 기둥이 없이 세워지는 마루로 마당에서 방으로 드나들기 쉽도록 방문 앞에 걸쳐져 있는 얕은 마루를 말한다. 댓돌에 올라서서 쪽마루를 딛고 문턱을 넘어야 방으로 들어갈 수 있는데 이는 흔히 알고 있는 대청마루의 기능과는 다른 것이다. 앞서 이야기한 제사를 지낸 마루는 대청마루이다. 그곳에서는 제사뿐 아니라 다듬이질도 하고 풀 먹인 이불 호청을 양쪽에서 팽팽하게 당기기도 했는가 하면 비가 오면 아직 덜 마른 빨래를 걷어서 널어놓기도 했다. 그러나 쪽마루는 다만 작은 광주리나 채반에 나물을 말리거나 고추를 말리거나 하는 정도일 뿐이다.

천리만리 유배 길이었던 쪽마루

어린 시절 나에게도 마루가 있었다. 넓은 대청과 툇마루 그리고 쪽마루가 모두 있었다. 동생들과의 장난이 조금 지나치다 싶으면 어김없이 안방에서 대청으로 쫓겨나서 무릎을 꿇고 손을 드는 벌을 서곤 했다. 대개는 그쯤에서 끝이 났지만 새총으로 이웃집의 장독에 구멍이라도 내거나 골목에 대롱대롱 매달려 있던 외등의 백열전구를 깨트린 날은 대청에서

더 먼 곳인 쪽마루까지 사정없는 내침을 당하곤 했다. 그런 날이면 적어도 나의 작은 가슴에는 참담한 마음이 이울곤 했다. 빗자루를 거꾸로 들고 호통을 치던 아버지를 피해 마당으로 내려서서 가야 하는 그곳은 귀양살이를 가는 것이나 다름없는 곳이었다. 급하게 쫓겨나느라 신발도 제대로 신지 못한 채 쪽마루에 엉덩이를 걸치고 땅에 닿지도 않는 발을 흔들거리며 있던 내 모습. 홀로 한 시간이나 지났을까. 유배가 풀리는 시간은 언제나 그쯤이었다. 하지만 유배가 풀려도 방으로 선뜻 들어가지는 못했다.

"니 또 그랄래 안 그랄래. 임마가 이기 정시이 있는 아가 없는 아가. 그 집에 일 년 물 간장인데 그걸 도가지 채로 깨 노마 우짜란 말이고, 그 집은 인자 뭐 묵고 사노. 어이. 놀아도 사리분별해 가미 놀아야지. 그래 정신없이 분답게 놀마 우짤라 카노. 인자 니가 장을 담가서 저 집에 갖다 주던지 해라. 엄마는 모린다." "인자는 안 그라겠심니더……, 한 번만 용서해 주이소." 기어들어 가는 목소리로 겨우 용기를 내 한마디 하면 "아이고 저기 커서 뭐가 될라꼬 저라는지…… 내 속 터져 죽겠데이"라는 말이 되돌아오곤 했다. 그렇게 대청에서 무릎을 꿇고 앉아 몇 번의 다짐을 받고 난 다음에야 방으로 들어갈 수 있었다. 그런 나를 근심스러운 눈으로 쳐다보던 동생들의 초롱초롱한 눈망울을 아직 잊지 못한다. 동생들과 눈이 마주치면 씨~익, 웃음을 지어 주곤 했었다. 마치 이까짓 것은 아무것도 아니라는 것처럼……. 그러면 동생들도 안도의 눈빛으로 나에게 미소를 보내곤 했다.

그리고 다음날. 언제 그랬느냐 싶게 나는 또 마루와 골목을 사정없이 뛰어다니고 있었다. '무궁화 꽃이 피었습니다'는 물론 숨바꼭질이라도 할 요량이면 우당탕거리며 마루 밑으로 숨어들었다. 그곳은 여름이면 등목을 하던 우물가를 빼놓고는 집 안에서 가장 시원한 곳이었다. 표현하기 힘든 독특한 냄새가 나기는 했지만 마루 밑의 흙은 언제나 포슬포슬했고 이곳저곳에 거미줄이 덕지덕지 있었다. 여름이면 저녁을 먹고 한숨 돌린 후 아버지는 마당에 모깃불을 피웠고 나는 한달음에 얼음집으로 달려갔다. 두레박에 매달아 우물에 담가 놓았던 수박을 먹을 때가 됐기 때문이다. 새끼줄에 묶어 주는 얼음 한 토막을 들고 뜀박질을 하면 숨이 턱까지 차올랐지만 수박 통에 얼음을 쪼개 넣고 만든 화채를 먹을 생각을 하면 그것쯤은 아무것도 아니었다. 온 식구가 모두 마루에 나앉아 화채를 먹고 나면 어머니와 아버지는 아예 달리아나 봉숭아가 가득 핀 마당에 돗자리를 펴거나 평상으로 내려가고 우리 형제들은 어머니나 아버지의 무릎을 서로 차지하려 또 한바탕 다툼을 벌이곤 했다.

　겨우 차지한 아버지의 한쪽 무릎. "지누. 니 저거 무슨 별인 줄 아나?" "어떤 거." "저 안 있나. 절로 똑바로 봐 봐라. 저 끝에서 반짝반짝하는 거 말이다." "어데 안 보이는데. 아부지는 보이나." 사실 나는 그 별을 보았지만 무슨 별인지 몰랐기에 안 보인다고 떼를 쓰고 있었다. "니는 인자 크마 뭐 될라 카노." "내, 나는 크마 장군된다. 별 두 개짜리 장군될 끼다." 그렇게 밤이 깊어 가고 어느덧 우리형제들은 어머니나 아버지의 무릎 위에서 잠이 들었다. 그렇지만 다음날 아침에 일어나 보면 형제들은 모두 마루에 누워 있고 곁으로는 사각형 모기장이 반듯하게 쳐 있었다. 그렇지만 모기장이 있으면 뭐하나. 몸부림치다가 모기장 밖으로 나간 한쪽 발은 벌집처럼 모기들이 흔적을 남기고 간 뒤였으니 말이다. 그렇게 마루는 여름이면 우리 집의 안방과도 같은 구실을 했다. 잠을 자고 밥을 먹는 모든 일이 그곳에서 이루어지곤 했다.

성주동이와 참종이

그러나 겨울이 오면 마루는 북풍한설이 몰아치는 시베리아 같은 곳이 되었다. 잠자기 전에 찹쌀떡과 함께 욕심껏 들이킨 단술 탓인지 잠을 자다 말고 쉬가 마려워도 마루에 얌전하게 놓인 요강까지 갈 엄두를 내지 못할 정도였다. 결국 어머니가 공을 들여 풀을 먹이고 마루에서 다듬이질까지 하여 만들어 놓은 요에다가 지도 그리기를 한두 번이 아니었다.

결국 겨울이 되면 모두 구들이 따뜻하게 데워진 방으로 들어가고 마루는 푸대접을 받았던 셈이다. 바로 이것이다. 한옥이 가진 특성 말이다. 한옥의 마루는 더운 지방의 사람들을 위한 것이고 구들은 추운 지방의 사람들을 위한 것이다. 그리고 사계절의 구분이 너무도 뚜렷한 우리의 기후적 여건을 고려할 때 이 둘의 궁합을 잘 맞추는 것은 더없이 중요한 일이었다. 더운 지방일수록 기온이 높고 비가 많이 내리니 습기가 많게 마련이다. 이를 손쉽게 피할 수 있는 방법은 흙으로 만든 바닥이 아니라 나무를 쪼개 널을 만들고 그것을 서로 잇대어 습기를 피해 땅보다 높은 곳에 두는 일이었다. 그 널 바닥이 바로 마루이다.

앞서 그것은 언제나 집의 한가운데에 두었고 집을 두고 남향이네 동향이네 하는 것은 마루가 앉은 것을 보고 판단한다고 했다. 이는 마루가 집의 중심이라는 이야기와 같다. 그렇기에 마루에는 집에서 모시는 가신家臣들 중 가장 으뜸이라 할 수 있는 성주신星主神이 살고 있다. 우리 눈에 보이지는 않지만 집에는 수많은 신이 살고 있다. 부엌에 사는 조왕신이

나 변소에 사는 측간신, 대문간에 사는 수문신, 장독대에 사는 철융신, 마구간에 사는 우마신, 굴뚝에 사는 장군신이나 광에 사는 업신들이 그들이다. 이 많은 신들 가운데 가장 으뜸이 성주신인데 그는 대청마루의 대들보에 붙어서 산다. 본디 성주는 천성이라고 하는 별나라의 천궁에서 살았다. 그러던 어느 날 죄를 짓고 인간세계로 내려오게 되었는데 마침 강남에서 오던 제비를 따라 경상북도 안동 땅 제비원에 이르러 솔 씨를 받아 산천에 뿌렸다. 그 솔이 자라 집을 지을 수 있는 재목이 되자 성주는 자손번창과 부귀공명을 누리게 해줄 성주목을 골라 집을 지었다. 이때 성주가 대들보에 앉았으므로 상량신上樑神이라고도 한다. 흔히 부르는 성주풀이라는 노래 또한 집을 지을 때 성주신을 제대로 모시기 위해 무당들이 부르던 노래이고 보면 집 안에서 성주신이 차지하는 위치는 절대적이다. 그것뿐인가. 조상신 또한 마루에 살고 있는 것이나 다를 바 없다. 앞서 마루에서 제사를 지냈다고 했다. 이는 조상신이 마루에 모셔져 있거나 그곳으로 드나든다는 것과 같다.

  우리는 작은집이어서 제사를 모실 일이 없었다. 그러니 우리 집 대청마루에 조상신이 계셨는지는 모르겠지만 성주신은 분명 살고 있었다. 마루의 한쪽에 작은 항아리가 있었고 그 안에는 쌀이 담겨져 있었다. 그 항아리에는 손도 대지 말라는 말을 귀에 따갑도록 들은 터여서 들춰 보지는 않았지만 매년 햇쌀이 나오는 시월상달이 되면 어머니가 그곳의 묵은 쌀을 퍼내고 햇쌀로 바꾸어 넣는 것을 보았다. "엄마요. 그기 뭔데"라고 물으면 "이거. 이기 뭔지 궁금하나. 그래도 니는 이야기해 줘도 모린다. 이기 신인 기라. 우리 집 잘되게 지키주는 신이라. 너거들 전부 건강하이 잘 크라꼬 돌봐 주는 신이라. 할매하고 할배 그러고 너거 아부지도 건강

하이 일 잘하라꼬 우리 돌봐 주는 신이라 말이라. 뭔 말인 줄 알겠나. 그라이 이거는 절대 열어 보마 안 된다. 알았제"라며 다짐을 받아 두곤 했나. 그리고 나면 문에 바르던 하얀 창호지를 서너 번 접고 이불 꿰매는 실과 같은 하얀 실 꾸러미 하나를 대들보에 묶어 놓았다. "그건 또 뭔데예." 종이를 향해 절을 하고 있는 어머니에게 물으면 "이거. 성주할배 아이가. 이거도 저거하고 마찬가지 신이라. 그라이 뜯고 그라마 안 된다이 알았제." 나중에 알고 보니 그것이 성주신을 모시는 것이었다. 항아리는 '성주동이'라 했고 대들보에 묶은 종이는 '참종이'라고 불렀다. 이렇듯 집안을 돌봐 주는 신을 모시는 곳이니 대청마루는 당연히 집 안에서 가장 깨끗한 곳이며 신성한 곳이다.

그러던 어느 여름날 오후였다. 어머니가 할머니에게 호되게 야단을 맞고 있었다. 마루에서 잠을 자던 우리는 호통소리에 주눅이 들어 멀뚱히 앉아 있을 수밖에 없었다.

바람을 이불 삼아 어머니 무릎 베고 잠들던 나의 마루

나중에 머리 커서 어머니에게 여쭈어 보았다. "그때. 할매가 와 그랬나 하마 마루에 성주할배 있다 안 카더나. 그 신이 집안 돌봐 주는 신인데 그 할배 있는 데서 너그들이 빤쓰만 입고 벌렁 자빠져서 자고 있으이 화가 나신 기라. 조상신도 있고 성주신도 있는데 그래 하마 안 된다 이 말이제"라고 하셨다. 어머니보다 더 옛 어른이신 할머니에게 마루는 몸가짐이나 옷매무새를 흐트러뜨려서는 안 되는 곳이었던 셈이다. 어쨌든 마루는 우리 옛집의 공간 구성 중에서 가장 개방적인 곳이다. 방이 지극히 사적인 공간이라면 마루는 의례를 치르는 공적인 공간이며 이웃들과도 만나는 사회적 공간이기도 하다. 한옥에 살 때 비가 오는 날이면 마루에 나앉아 뒤란으로 나 있는 문을 활짝 열어 놓고 나뭇잎 위로 빗방울 떨어지는 모양과 소리를 즐겼던 기억이 있다. 혹은 처마에서 마당으로 물 떨어지는 자리를 잘 잡아 빈 깡통이나 양푼이라도 서넛 빗물받이로 놓고 턱을 괸 채 엎드려 빗물 튀는 모양이며 소리 듣는 것은 기나긴 장마철에 개구쟁이들의 무료함을 달래기에 더없이 좋은 놀이이기도 했다. 이렇듯 마루는 방보다 자연에 더 가까이 있었다. 마당은 아예 자연 속에 포함된 것이지만, 마루는 건물 안으로 들어와서조차 자연을 포기하지 않으려는 지혜의 소산이다. 밖으로 나가지 않은 채 조금이라도 더 자연을 가까이에서 만끽하려는 모습인 셈이다.

공간에 대한 실용적 구성으로만 보자면 마루는 지금의 거실에 가깝겠지만 이는 오히려 서양의 테라스와 베란다에 가깝다. 대청은 테라스, 툇마루나 쪽마루는 베란다일 것이다. 서양 건축은 우리와 달리 벽으로만 이루어져 있다. 유독 창이 많은 까닭은 벽난로를 때야 하는 그들의 난방 문제 탓이다. 이렇듯 벽과 창으로만 만들어진 서양 집에서 테라스나 베란다는 그나마 자연에 더 가까이 가려고 애를 쓴 흔적이다. 곰곰 생각해 보라. 창에서 바라보는 바깥풍경과 테라스에 놓인 의자에 앉아 바라보는 자연의 차이를 말이다. 딱 꼬집어 대답하기는 쉽지 않지만 이는 분명 차이가 있는 것이다.

하지만 요즈음 우리들은 그것조차 용납하지 않는다. 어찌어찌 고생해 장만한 아파트에 입주하기도 전에 새로 지은 집에 먼지라도 들어올까 싶어 꼭꼭 틀어막는 일부터 서두른다. 베란다의 알루미늄새시가 그것이다.

그 일은 어쩌면 스스로 우리들의 숨구멍을 막아 버리는 일과도 같은 것이다. 그리하여 아파트에 들어가면 우리는 자연을 제대로 보거나 느낄 수 없는 지경에서 살게 된다. 매연 가득한 도시의 아파트는 그렇다 치자. 그런데 산 좋고 공기 좋고 물 좋은 곳에 지어 놓은 전원 아파트라는 곳에서조차 베란다부터 막고 보는 마음은 도대체 무엇일까. 공간 소유에 따른 지나친 욕심이다. 그러나 나의 생각은 다르다. 베란다를 유리로 막으면 겨우 베란다 공간만큼만 나의 것이 되겠지만 그것을 열어 두면 멀리 보이는 앞산까지도 나의 것이 될 터이니 오히려 더 큰 공간을 가지는 셈이 아니겠는가.

우리네 대청에도 분명 문이 있기는 했다. 그곳의 문은 앞에는 없고 뒤에만 있었다. 그마저 열어젖히고 바라보던 뒤란의 정경은 잊히지 않는 것임에 틀림없다. 여름을 몰고 오는 축융祝融이라는 신이 불 단지를 들고 찾아오면 우리 집 대청마루 앞에는 언제나 주렁주렁 수세미가 달리거나 나팔꽃이 피었다. 이웃집에는 여름마다 대나무 발을 드리웠지만 미리 대청 앞의 뜰을 일구어 씨를 뿌리고 가는 새끼줄을 처마 끝에 묶어 놓은 우리 집에는 매혹적인 보라색 나팔꽃이 가을까지 피었던 것이다. 새벽에는 마치 나사못처럼 돌돌 말려 있던 나팔꽃이 햇빛이 들면 이슬을 털고 비로소 활짝 핀다는 사실도 그즈음 알았다. 그것뿐인가. 우물가에서 등목을 하고 온 마루에서 내다보이던 뒤란에 피고 지던 아름다운 꽃. 마침 그곳에서 불어오는 바람을 이불 삼아 어머니 무릎을 베고 누우면 어머니는 마다하지 않고 갖은 이야기를 우리들에게 들려주었고, 간혹 길 잃은 잠자리들이 내 어깨에 내려앉았다. 그렇게 마루는 나에게 잊히지 않는 곳이다.

10
창문 이야기

내가 보던 창과 듣던 창

내가 보던 창

서른 살 즈음 첫 개인전을 앞두고 있을 때였다. 참 작은 방에서 살았다. 눈곱재기창만큼이나 했을까. 방 크기도 작았지만 창 크기 또한 그 방에 알맞게 작았다. 그 작은 창에 턱을 괸 채 밖을 바라보는 것은 그 방에서 누릴 수 있는 큰 기쁨 중에 하나였다. 나는 그 방에 시계를 걸지 않았다. 하지만 무엇보다 큰 시계가 그 작은 창 밖에 걸려 있기도 했다. 한 시간마다 어김없이 낡은 비둘기호 기차가 지나갔기 때문이다. 기차는 긴 여운을 남기며 나의 작은 창을 스쳐 갔고, 그 소란스러움에 도무지 늦잠을 잘 수가 없었다. 격자로 된 창은 열어 봐야 사방 30센티미터가 될까 싶은 작은 것이었지만 그곳으로 보이는 풍경은 무한대였다. 서너 시간 동안 어두컴컴한 암실에서 작업하느라 시치년 차 한 잔을 들고 그 작은 창가를 서성거리다가 밖을 내다보곤 했다. 어떤 부잣집의 통유리로 만든 창도 부럽지 않았다. 그 시절 그것은 나에게 큰 위안이었다.

개인전을 치른 후, 두 해나 겪었던 한겨울의 외풍이 들이닥칠 것이 무서워 서둘러 그 방을 떠났다. 그러나 얼마지 않아 서둘러 떠난 만큼 큰 후회를 했다. 창을 통해 보이던 바깥풍경을 사진으로 찍어 두지 않았던 것이다. 하지만 또 그 얼마 후, 오히려 사진을 찍어 두지 않은 것이 다행이라 생각했다. 눈에 보이는 것이 없으니 머릿속에 또 하나의 상상의 창을 만들어야 했기 때문이다. 그 시간만큼은 창 밖의 정경을 바라보며 아름다움에 젖어들던 때와 다르지 않게 행복한 시간이었다. 가만 생각해 보면 비록 나의 작은 창에 기차는 멈추어 서지 않았지만 난 그 창에 턱을 괴고 서서 내 마음속에 기차를 수도 없이 멈추어 세웠다. 아마도 암흑과도 같았던 그 시간들에게서 빨리 벗어나고 싶었던 생각이 컸던 탓이었을 것이다.

　눈만 뜨면 마치 약속이라도 한 듯 창가로 두어 발짝을 걸어 멈추었다. 그렇게 잠시라도 있어야 했다. 그때 그 작은 창이 보여 주던 풍경은 밖을 쏘다니며 보고 느끼는 것과는 사뭇 달랐기 때문이다. 창으로 본다는 것은 '통通' 해서 보는 것이기 때문이다. 또 창으로 보는 것은 내가 있는 곳에서 밖을 '내다' 보는 것이기도 하다. 그것들은 나와 대상이 조금 더 객관화된다는 것과도 같다. 그렇게 창 뒤에 나를 묻어 놓고 그를 통해 무던히도 많은 것을 보고 또 그보다 더 많은 생각을 했다. 움켜쥐면 한 움큼이나 될 법했던 그 작은 창은 어쩌면 내 정신의 통로였는지도 모른다. 그 통로는 이제 내 마음속에 아련하게 남았다.

내가 듣던 창

마음속에 남은 창은 그뿐 아니다. 잠이 오지 않아 뒤척이던 밤, 난 그 방에 누워 마을 사람들이 들고 나는 것을 모두 알 수 있었다. "또각또각" 구두 소리만 들어도 누구네 집의 누가 이제야 들어오는 것인지, 밤늦게 어디를 가는 것인지 또는 지각을 했는지 모두 알 수 있었다. 그 중 가장 기억에 남는 소리는 목발을 짚고 다니던 이웃의 소리였다. 당연히 그 이웃이 지나다니는 소리는 남달랐으니 조금만 들려도 금세 알아차렸던 것이다. 그가 내 작은 창을 지나가는 일은 단 한 가지, 동네 어귀에 있는 구멍가게에 가는 일이었다. 갈 때는 그저 목발 짚는 소리와 발을 끄는 소리만 들릴 뿐이지만 돌아올 때는 제법 요란한 소리가 창을 넘어 들어오곤 했다. 그가 산 물건이 담긴 봉지가 흔들리는 소리였다. 그럴 때면 난 불쑥, 마치 우연히 마주친 것처럼 문 밖으로 나가 어디 다녀오느냐고, 요즈음 어떠냐고 안부를 묻곤 했다.

늦은 밤, 세 집 건너 사는 김씨 아저씨가 한잔 걸친 술 탓에 "똑딱선 기적소리"나 "홍도야 우지마라"를 흥얼거리며 지나가기도 했고, 누가 창 아래서 나를 부를 때도 있었다. 공부하겠답시고 전화도 놓지 않고 살던 시절이라 가까운 곳에 있던 친구들도 찾아와야지만 만날 수 있었으니 그들이 찾아온 것이다. "지누, 이지누 없냐." 나직하게 숨을 죽인 그 소리가 창을 넘어 들어오는 날이면 난 언제나 술에 취해야 했다. 창에서 내다보기만 하던 철둑길에 나가 술을 물인 양 퍼붓고 고래고래 들판을 향해 노래를 부르고 나면 그제야 세상에 대한 숨통이 터지는 듯했다.

겨우 숨을 고르고 철둑길을 등지고 돌아앉으면 주황색 보안등이 조는 듯 흔들리고 있었다. 그 가운데 어디쯤엔가 내 작은 창이 보였다. 넓은 세

상을 보여 주던 창을 밖에서 보니 그리도 초라하게 작을 수가 없었다. 파르스름한 형광등 불빛이 새어 나오던 창은 내가 돌아오기를 기다리고 있는 듯 불을 밝히고 있었던 것이다. 친구들이 돌아가고 휘청휘청, 골목을 걸어 집으로 돌아오는 소리를 주인집 아들은 듣고 있었다. 이제 갓 스무 살의 대학생이었던 주인집 아들은 내가 문에 손을 대어 '삐거덕' 소리를 내기도 전에 언제나 먼저 나와 나를 기다리고 있었다. 술에 취해 돌아오는 날이면 내 입에서는 "찢기는 가슴 안고 사라졌던…… 부둥킨 두 팔에 솟아나는…… 해뜨는 동해에서 해지는 서해까지 뜨거운 남도에서 광활한 만주벌판…… 우리 어찌 주저하리오…… 다시 서는 저 들판에서 움켜 쥔 뜨거운 흙이여"가 어김없이 흘러나왔던 탓이다.

적어도 내가 생각하는 창은 그렇게 사람 살아가는 소리가 넘나들어야 하는 것이다. 하지만 지금 나의 창에는 박제된 풍경이 차단된 소리와 함께 머쓱하게 있을 뿐이다.

소리는 막고 풍경은 크게
김용택의 시 한 편을 읽는다.

네가 살던 집터에 메밀꽃이 피고 / 달이 둥실 떴구나. / 저렇게 달이 뜨고 / 이렇게 네가 보고 싶을 때 / 나는 너의 희미한 봉창을 두드리곤 했었다 …… (중략) …… 네가 네 집 마당 / 달빛을 소리 없이 밟고 지나 / 네 방 문 여닫는 소리가 가만히 들리고 / 불이 꺼지면 / 내 방 달빛은 문득 환해지고 / 나는 달빛 가득 든 내 방에 누워 / 먼 데서 우는 소쩍새 소리와 / 잦아지는 물소리를 따라가며 / 왜 그리도 세상이 편안하고 아늑했는지 몰라 / 눈을 감아도 선연하구나. / 네가 꼭 올 것이라고 생각하기 시작하면 / 그 생각은 철석같은 믿음이 되어 / 네가 곧 나타날 것 같아 / 나는 숨을 죽이며 / 온 세상을 향해 내 마음은 모두 열리고 / 세상의 온갖 소리들이 들리었지 / 그럴 때마다 너는 발소리를 죽여 와서 / 네 봉창을 가만히 두드리던 / 아득한 그 두드림 소리가 / 메밀꽃밭 속에서 금방이라도 / 들릴 것 같아 / 숨이 멈춰지는구나. …… (하략)

―「네가 살던 집터에서」 부분

이만하면 됐다. 창이 지니고 있는 모든 것. 소리의 넘나듦과 빛의 넘나듦. 거기에 더해 사람까지 넘나들고 있으니 이보다 더한 창이 또 어디 있겠는가. 나 또한 그랬다. 우리 집 마당에 탐스럽게 달렸던 석류와 토마토를 몰래 갖다 주었던 나의 첫사랑 희면이의 집은 길가에 있었고 난 희면이의 창 아래에 가서 아침저녁으로 그녀의 이름을 불렀다. "희면아, 학교 가자." "희면아, 숙제하자." 늦도록 놀다가 들어가는 밤에도 혼날 것은 아랑곳하지 않고 희면이 방에 불이 켜져 있으면 담벼락에 붙어 서서 나직이 그녀 이름을 부르곤 했다.

아무리 짓궂게 불러대도 짜증 한번 내지 않고 웃음 머금은 얼굴을 내밀던 그녀의 창을 잊지 못한다. "가시나, 니 아직 안 자고 뭐 하노." "니는 어데 갔다가 인자 오노. 너거 엄마가 아까부터 니 찾고 그라던데. 퍼뜩 가 봐라. 숙제는 다 했나. 안 했제. 니 우짤라꼬 그카노. 퍼뜩 가라 고마." "알았다. 니 숙제 다 했시마 쫌 빌리도. 낼 학교 가서 주꾸마." 이쯤에서 희면이가 숙제를 선뜻 빌려 주면 다행이었다. 그러나 티격태격하다 보면

"거 누꼬, 누가 왔나" 하면서 중학교에 다니던 희면이 오빠 목소리가 들리기라도 하는 날이면 삼십육계 줄행랑을 놓아야 했다.

융통성 없는 고집불통 희면이 오빠의 별명은 벽창호壁窓戶였다. 그는 내가 자기 동생에게 수작 부리는 것을 무척 싫어했다. 곧이곧대로 우직했던 그는 툭하면 나와 희면이 사이의 훼방꾼으로 등장하여 내 어린 가슴에 대못을 박아 놓곤 했다. 그런데 그 벽창호가 우리 집 부엌에도 있었다. 벽창호는 말 그대로 벽에 난 창이다. 그렇지만 이 창에는 열고 닫을 수 있는 문이 없다. 그냥 구멍만 뻥 뚫려 있거나 뚫린 구멍 사이를 싸리나무나 대나무로 살을 만들어 서로 얽어 놓았을 뿐이다. 그러니 열고 닫을 수도 없는 이 창은 고집불통인 셈이다. 알고 보니 벽창호의 본디 뜻은 벽창우碧昌牛이다. 평안북도의 벽동碧潼과 창성昌城 지방에서 나는 소를 벽창우라 했는데 이 소가 우직하기 이를 데 없었다. 주인이 아닌 다른 사람이 소를 부리려 하면 움쩍도 않았다. 특히 다른 마을 사람들이 와서 소를 부릴라손 치면 아예 드러누워 버리니 고집불통인 이 소를 벽창우라 했다. 그것이 세월이 지나면서 붙박이창인 벽창호와 그 뜻을 나누어 가지게 된 것이다.

어쨌든, 봄이 무르익어 가는 때에 밤을 새고 날이 어렴풋하게 밝아 올 무렵이면 초라한 내 작업실 창에는 온갖 새소리가 주렁주렁 매달려 있었는가 하면 툭하면 비나 안개가 넘실거리곤 했다. 서울로 가는 첫 기차가 지나가면 잠시 잦아들었다가 이내 시끄러우리만치 지저귀던 새들, 그 새소리를 오늘 이 견고한 이중 유리창 앞에서 다시 듣고 싶다. 그러나 욕심이다. 설사 새가 날아들었다 하더라도 이 단단한 창은 새의 날갯짓만 보여 줄 뿐 그 아름다운 지저귐은 들려주지 못할 것이다. 우리 집 부엌이나 변소에 나 있던 벽창호보다, 희면이 오빠보다 더 벽창호 같은 요즈음의 유리창문. 요즈음의 집짓기는 조금의 틈도 없이 소리를 막아 놓고 무엇을 얼마나 시원스럽게 볼 수 있느냐가 중요한 관심인 듯하다. 창을 통해 이루어지던 두 가지의 일 중 보는 것은 취하고 다른 하나인 듣는 것을 버린 것이 현대 건축인 셈이다.

빛은 들어오지만 냄새는 나가지 못하고

희면이를 찾아갔다가 오빠의 호통에 놀라 삼십육계 줄행랑을 놓다가 붙들리면 난 엉뚱한 핑계를 늘어놓았다. 그러면 오빠는 "임마가 자다가 봉창 뚜디리나, 무신 소리하고 있노. 니 내 동생 와 자꾸 구찮게 하노. 어이"라며 나를 으르대곤 했다. 봉창封窓, 이것 또한 벽창호와 별 다를 바 없다. 벽에 구멍을 뚫고 싸릿대로 얽어 놓으면 벽창호이고 거기에다가 종이라도 한 장 덧발라 놓으면 봉창이 되는 것이다. 앞서 창은 그것을 통해 보는 것과 들려오는 소리를 위한 것이라고 했듯이 봉창과 벽창호는 빛과 공기가 드나드는 것을 염두에 두고 만든 창이다.

  호롱불 하나와 아궁이에 지핀 장작불이 전부인 부엌에서 봉창이나 벽창호 하나라도 있으면 그만큼 빛이 더 들어와 환해지게 마련이다. 또 아궁이에 지핀 불에서 나는 연기와 더운 음식을 할 때 나는 김과 냄새, 이 모든 것이 작은 창을 통해 나가고 신선한 공기가 다시 들어오기를 기대했다. 우리 전통 살림집에서 빛을 끌어들이고 공기를 순환시키는 것은 무엇보다 중요했다. 그러나 나무와 돌, 흙과 종이로만 집을 짓는 건축 자재의 한계 탓에 무턱대고 창을 크게 내지는 못했다. 대신 다양한 창의 모습이 나타난다. 창에는 봉창, 화창, 광창, 교창, 눈곱재기창, 살창, 갑창, 불발기창과 같은 것들이 있다. 이 중 광창은 빛을 많이 받아들이기 위한 창이며, 봉창보다 한 단계 더 발전한 모습이다. 여염집에서는 보기 힘든 불발기창 또한 방 안으로 빛을 많이 끌어들이려 한 창이다.

불발기창은 다른 여느 창들처럼 벽에 나 있는 것이 아니라 문에 나 있다. 전통 살림집 짓기는 대개 대청마루에서 방으로 들어가는 쪽에 불발기문을 달았다. 이는 여름에는 모두 들어올릴 수 있는 들문으로 짜는 것이 일반적이다. 또 이 문에는 창호지를 방 안 한쪽에만 바르는 것이 아니라 양쪽 모두 바르는 맹장盲障으로 한다. 이는 여름에는 문을 들어 올려 대청마루의 시원함을 방 안으로 가져갔지만 겨울이면 마루로부터 들어오는 찬바람을 피해야 했기 때문이다. 그 탓에 방 안은 어두워지게 마련이다. 문살을 중심으로 양쪽에 다 종이를 발랐으니 어두울 수밖에. 그러나 우리 선조들이 어떤 사람들인가. 그들은 그렇게 둔한 사람들이 아니었으니 그것을 그냥 두지 않았다. 문살을 짜다가 가운데쯤에다가 다시 육각형이나 사각형으로 구분되게 창을 하나 내는 지혜를 짜냈다. 문 속의 창인 셈이다. 문틀의 올개미(울거미)에서 벗어나 다시 불발기창을 위한 올개미를 짠다. 올개미는 살대를 지르기 위한 문의 가장 바깥쪽 테두리 나무를 일컫는 말이다. 그리고 그곳에는 갖은 멋을 부린 교살, 정자살, 완자살과 같은 살대를 질러 놓고 그 살대의 한쪽으로만 종이를 발랐다. 이른바 장지문粧紙門이다. 다른 부분은 두 겹으로 종이를 싸 바르는 맹장으로 해 차가운 바람을 막고 대신 멋을 부려 짠 문살이 있는 곳으로는 방 안에 빛을 끌어들이려 했던 것이다.

멋을 부린 살대가 있는 높이 또한 철저히 계산된 것이어서 사람이 앉

아 있는 눈높이에 맞추어 놓았다. 그 부분을 불발기창이라고 한다. 구태여 눈높이에 그 창을 다는 까닭은 높은 곳에서 비치는 빛은 일상적인 빛이 아니어서 답답함이나 무서움을 느끼게 하는가 하면 아래로부터 들어오는 빛은 어딘지 모르게 불안하게 여겨지기 때문이다. 이렇게 불발기창이 달린 들문은 분합문分閤門이다. 이는 말 그대로 나누었다가 합할 수 있는 문으로 여름이면 문짝 모두를 아예 천정에 묶어 놓을 수 있는 개방성을 지녔고 겨울이면 맹장으로 두껍게 발라 여느 다른 곳보다 더 단단히 바람을 막았다. 그 사이에 불발기창이 다소곳이 있었던 셈이다. 이는 우리들의 정신성이다. 집이라는 것이 물질로 이루어진 것이긴 하지만 그 안에는 집주인의 정신이 남김없이 집합되는 것이기도 하다. 이 둘은 서로 뗄 수 없는 관계로 정신이 물질을 낳는가 하면 물질이 정신을 지배하기도 한다. 멋은 또 어떤가. 그것은 지혜에서 나온다. 그 셋이 서로 어긋나지 않았을 때 비로소 아름다운 우리 집이 만들어지는 것이다.

책을 읽고 시를 짓는 문학의 통로

앞선 '지붕 이야기'에서 시를 읽었던 계곡 장유 선생 문집의 시를 읽다 보면 유난히 창에 대한 이야기가 많이 나온다. 선비들이 남긴 시 가운데 창 이야기가 없는 것이 없을 정도이지만 장유 선생의 그것은 유난하다. 「눈보라 치는 날 밤에 읊은 시(風雪夜吟)」의 시작은 "어젯밤 창문틀이 밤새도록 덜컹덜컹 / 먼 숲지나 차가운 바람 윙윙 불어왔지"로 하는가 하면 다른 시에서는 "탑상榻牀 너머 차 빛 연무 희미해지려는 저녁나절 / 바람에 실려 온 빗줄기 창문을 두드리네"라고 한다. 또한 비바람이 몹시 불던 날은 "느닷없이 몰려오는 폭풍우 소리 / 놀랍도다. 이 무슨 괴이한 일인고. / 그 위세 한밤중에 더욱 거세어져 / 대지를 온통 뒤흔드누나. / 귀신의 호곡소리 들려오는 듯 / 교룡이 바야흐로 지나가는 듯 / 창호지 찢어질까 근심도 잠깐 / 기와 깨지는 소리에 가슴이 철렁 / 충격을 못 이겨 책장이 엎어지고 / 침상의 이불도 번쩍 말려 올라가네"라고 한다.

이는 모두 앞서 이야기한 소리가 넘나드는 것을 이야기하는 것이다. 그런가 하면 창으로는 달빛이나 햇빛이 스며들기도 한다. 「세모歲暮」라는 시에서 그는 햇빛이 너무 밝아서 읽던 책을 덮는다고 한다. "몇 생을 산다 해도 못 다 갚을 시의 빚 / 술병 들고 찾아오는 호사자도 하나 없네 / 도성에선 좋은 소식 들리지 않고 / 찢어진 창 햇빛 부셔 보던 책 덮어놓네"라고 한다. 그렇다고 창으로 햇빛만 비쳐 들었겠는가. 달빛 또한 그곳에 스몄으니 "맑은 밤 잠 못 들고 등잔불 뒤로 하니 / 다정해라 산 위의 달, 창으로 일부러 찾아드네"라는 시구로 달빛을 맞았다.

또 장유에게 창은 책을 읽는 곳이기도 했다. 「긴 밤 등잔불 기름이 떨어져 책을 읽지도 못하고(長夜無膏火 不能讀書)」라는 시에서 그는 "반딧불도 안 보이고 눈도 도무지 안 내리니 / 겨울 석 달 공부하려던 계획이 문득 차질 생겼네"라고 한다. 반딧불도 안 보인다는 말은 반딧불을 모아 그 빛으로 책을 읽었다는 진나라 차윤車胤의 이야기를 하는 것이며, 눈도 안 내린다는 것은 진나라 손강孫康이 하얀 눈을 모아 등불을 대신해 책을 읽었다는 형창설안螢窓雪案의 이야기이다. 눈이 내렸으면 대지가 하얗게 변했을 테니 창으로 스며드는 밝은 빛으로 책을 읽을 수 있었다는 것을 말하는 것이리라. 또 「독서」라는 시에서는 "긴긴 여름 외딴 시골 외로이 지내는 몸 / 오두막 찾는 거마 소리 한 번도 들리지 않네. / 남쪽 지방 귤나무 숲 일궈 볼 생각 없이 / 서쪽 창가 기대어서 서가의 책 뽑아 읽는다오." 「집에 돌아와서(還家)」라는 시에서는 "별로 재미 못 본 오랜 객지 생활 / 가난해도 내 집이 마음 편하시 / 다시금 옛날 책들 눈길이 쏠려 / 자그마한 창문 옆에 쌓아 놓았다오"라고 하니 창가는 그에게 책을 읽는 곳으로 으뜸이었던 셈이다.

그러나 "창문 밝아 올 때 만 권의 책 앞에 하고 / 향로 불 피우는 일 어찌 그만두오리까"라고 하는 그가 창가에서 책을 읽은 것만은 아니다. 그곳은 또 주옥같은 시를 짓는 곳이기도 했다. 가을비가 추적추적 내리던 밤에 그는 말한다. "땅에 가득 깔린 운무 바다 빛과 합쳐지고 / 가을 내내 바람과 비 썰렁한 하늘 어둑어둑 / 종이창에 등잔 불빛 맑게 비치는 곳 / 이 속에서 무한한 시정 우러나도다." 또 밤부터 내리던 눈이 아침이 되어 더욱 거세게 내리자 "병든 노부老父 이 광경에 흥이 절로 우러나와 / 창 곁으로 다가가서 조그마한 시를 짓는다"라고 하니 창은 창작의 단상이 새록새록 솟아나는 곳이기도 한 셈이다.

어디 그뿐인가. 창가는 한갓진 모습을 보이기도 한다. "서재의 창문 밝아 오는 그때가 제일 기분 좋아"라는 그가 "시골에 내려와 누운 뒤론 일마다 어찌나 그윽한지 / 붉은 해 창문에 떠올라도 이불 속에서 뒹군다오"라는가 하면 떠나는 봄이 아쉬운 어느 날은 "꽃을 보고 미칠 듯 번뇌에 시달렸던 / 젊은 날 그 심정 늙고 보니 애달플 뿐 / 병든 몸 봄빛에 더욱 더 노곤해져 / 대나무 창 맑은 대낮 책을 베고 잠든다오"라며 창가에서 잠만 잔다.

그런가 하면 창은 그리움을 푸는 곳이기도 했다. 장유의 시에서는 드물게 보이지만 길 떠나기를 즐겼던 정약용이나 허균의 시에서 맞닥뜨린 창은 그리움의 통로이기도 했다. 마침 객지로 나선 걸음에 창으로 달빛이라도 흘러들고 곁에 술이라도 있으면 그리움은 증폭되어 때로는 사내들의 눈물을 빼놓기도 했던 것이 창이다.

창문에 피었던 꽃

몇 해 전, 아흔을 넘어 사시던 외할머니가 돌아가셨다. 일을 치르고 외할머니가 사시던 집엘 갔었다. 오래된 낡은 집. 무척 오래되긴 했지만 그래도 눈에 설지 않았다. 가을이 깊어갈 무렵 사과 따는 일을 도운답시고 외가댁을 가면 할머니는 아예 과수원에는 얼씬도 못하게 했다. 그리고는 "지누야. 니는 내하고 이거나 하자"며 집에 붙은 문이란 문은 죄 떼어 오라고 했다. 널따란 마당에 문을 죽 세워 놓으면 할머니는 마구잡이로 창호지를 떼어 내라고 했다. 물을 뿌려가며 묵은 창호지를 말끔히 떼어 내자 할머니는 부엌에서 풀을 쑤어 나왔다.

"할매요, 이걸로 뭐 하는데." "이걸로 문 발라야지. 인자 날씨 추워지이 문 발라 놔야지. 겨울게 바람 숭숭 들어오마 우짜노. 저리 비키 봐라. 니는 저 짝으로 가서 종우에 풀칠이나 해라." 꾸역꾸역 몽당 빗자루를 들고 풀칠한 종이를 할머니에게 건네면 신기하게도 할머니는 그것을 문에 붙여 놓았다. 그리고는 방을 쓰는 빗자루로 쓱쓱 문지르는가 싶더니 한쪽에 세워 놓았다. 얼마간 지나자 할머니는 아까 세워 놓은 문으로 가더니 잘 말라가고 있는 종이 위에다가 물을 품는 것이 아닌가. "할매요, 물은 와 뿌리는데. 그라마 다 젖어가 못 쓰잖아." "아이다. 이래 물을 뿌리야 종우가 팽팽하이 잘 달라붙는 기라"라고 했다.

"그라마 나도 그거나 할란다." 입에 물을 한가득 머금고 "푸우" 하면서 물을 품으면 무지개가 생겼다. 물이 산지사방으로 튀어 곱게 바른 창호지에 그대로 달라붙었다. 그래도 할머니는 마르면 괜찮을 거라며 조심해서 품으라고 했다. 할머니가 혼자 종이를 바르느라 힘에 겹거나 말거나 나는 미리 발라 놓은 창호지가 말라가는 꼴이 신기하기만 했다. 처음 바른 창호지는 이미 말라 하얀색을 유감없이 뽐내고 있었고 그곳에 손을 갖다 대면 손이 튕겨 나갈 정도로 팽팽했다. 그 소리가 참 좋았다. 툭툭 건드려보다가 아예 꿀밤 때리듯 가운뎃손가락을 말아 쥐고는 "탁", 아이구 이를 어쩔거나. "탕" 소리를 내며 그만 구멍이 나고 말았다. 할머니도 그 소리를 들었던지 "이기 무신 소리고. 지누 니 빵꾸냈제. 아이구 이놈의 자슥. 일로 온느라 보자. 어데 그랬노." 할머니는 말은 그렇게 하셨지만 손에는 풀이 잔뜩 발라진 종이 조각 하나를 들고 있었다. 구멍 난 곳에다가 그것을 대고는 빗자루로 쓱쓱. 그 빗자루는 마귀할멈이 타고 다니던 마법의 빗자루와도 같았다.

주눅이 든 나는 한쪽으로 물러나 이제 막 피어난 국화를 만지거나 끝물인 과꽃이나 물이 잘 든 감나무 잎을 만지작거리고 있을 뿐 할머니의 부름을 기다리고만 있었다. 아니나 다를까. "지누. 어데 갔노. 거서 뭐 하노. 빨리 일로 와가 이거라도 붙잡아야지." 한걸음에 할머니에게 달려간 나의 손에는 감나무 잎 하나가 들려 있었다. "이거는 꼬마 아지매 방인데 이쁘게 해주자. 니 그거 뭐꼬" 하더니 할머니는 감나무 잎을 미리 바른 종이의 손잡이 쪽에다가 턱하고 놓더니 그 위에 종이를 덧발랐다. "이쁘제. 지누 니 방에는 뭐해 주꼬. 너거 집에 문 바릴 때 엄마한테 이래 해 돌라 캐라." 그해, 간혹 골목으로 지나가던 첫사랑 희면이를 몰래 내다보던 나의 작은 창에는 이름도 기억나지 않는 꽃이 피었다. 잠자리에 누우면 가물가물 비쳐 드는 달빛에 은근하게 드러나던 꽃잎.

　이제 아무도 남아 있지 않은 외할머니 집 마당을 서성이며 난 앙증맞은 꽃잎이 있던 창을 통해 할머니를 보고 있었다. 창도 없고 할머니도 없지만 내 속에 그 작은 창과 창문에 꽃잎을 넣는 것을 가르쳐 준 할머니는 아주 큼지막하게 남았다. 나중에 집을 짓게 되면 욕심을 부려 서재를 만들고 그곳의 문에는 창호지를 바를 것이다. 물론 외할머니에게서 배운 솜씨를 한껏 부려 만든 창호지 사이에 꽃이나 고운 나뭇잎을 넣은 문을 달 것이다. 혹 아는가. 그 문을 열고 닫으며 드나들면 나 또한 꽃과 같이 아름다운 글을 쓰거나 사진을 찍을 수 있을지 말이다.

11
구들 이야기

구들과 마루의 탁월한 더부살이

장작 땐 방에서 물걸레질을 하다

내가 좋아하는 것이야 한두 가지가 아니겠지만 다섯 손가락으로 꼽는다면 산이라는 무덤덤한 놈이 반드시 낄 것이다. 고등학교 때부터 지금까지 참 무던히도 산에 다녔다. 그러니 당연히 그곳에서 일어났던 일 또한 한둘이 아닐 테지만 영하 20도를 오르내리는 산에서 잠은커녕 밤새 물걸레질만 했던 적이 있었다. 겨울이면 훈련 등반이라는 명목으로 산에서 한 달씩 머물다 내려오는 선배 형들을 흠모의 눈길로 바라보기만 하던 내가 드디어 그 대열에 끼게 되었다. 지금 생각해 보면 정말 보잘것없는 방한복으로 몸을 감쌌을 뿐인데, 스무 살의 끓는 피가 넘쳤던 탓인지 얼음판이나 눈구덩이를 굴러다녀도 끄떡 없었다. 그해 겨울, 40킬로그램이 넘는 배낭을 메고 설악산 백담사로 들어가는 그 긴 길을 걸어 수렴동 계곡의 들머리로 향했다. 그곳에 있는 집 한 채를 빌려 민박을 한 것이다. 지금은 설악산의 일정한 구역에 숙박지구라는 것이 생겼지만 삼십 년 전만 하더라도 이곳저곳 가릴 곳 없이 사람 사는 집이면 모두 민박집이었다.

다음날부터 차디찬 눈밭에 친 천막에서 자야 하니 하루만큼이라도 따뜻한 곳에서 몸을 녹이라는 선배들의 배려였던 셈이다. 그 깊은 산골에 연탄이 있을 리가 있었겠는가. 당연히 장작을 때는 방이었고 불을 지피는 일은 막내인 나의 몫이었다. 주인은 우리들에게 방을 내주고 아예 이웃집으로 가 버린 터, 불을 지피는 일은 온전히 우리들이 해야 했다. 선배들은 관솔로 불을 피우는 법을 가르쳐 준 다음 내일 올라갈 계곡 입구까지 다녀오겠다며 나가 버렸다. 혼자 남은 나는 막무가내로 아궁이에 나무를 집어넣기 시작했다. 한참 불을 넣다가 방으로 들어가 아랫목을 만져 보고는 장작을 더 쑤셔 넣었다. 도무지 방이 따뜻해질 기미가 보이지 않았던 것이다. 몇 차례 그 일을 반복하고 나서야 아랫목이 미지근해져 오는 것을 느꼈다. 선배들이 돌아오기 전에 방을 따습게 만들어야 한다는 책임감에 잔뜩 불을 넣고는 안도감에 젖어 있었던 것이다.

장작 때는 방법을 모르기는 선배들도 마찬가지. 선배들도 돌아와서는 방이 따뜻하다고 좋아하기만 했다. 맛난 저녁을 지어 먹은 후 주인이 내준 두터운 무명 솜이불을 덮고서는 들뜬 마음으로 잠이 들었다. 그러나 얼마 지나지 않아 우리들은 모두 일어나야 했다. 그것도 화들짝 놀래서 말이다. 열 명이 넘는 선배들이 한 명도 빠짐없이 일어나서 호롱불을 밝힌 채 투덜거리고 있었다. 너무 뜨거워서 잠을 잘 수가 없었던 것이다. 찬바람이 쌩쌩 불어 대는 밖으로 나가 물걸레를 만들어 방을 훔치는가 하면 아예 수건과 바지를 물에 적셔 아랫목에 널어놓기도 했다. 그러나 터무니없는 노릇이었다. 물걸레가 한번 지나가면 당장 하얀 김이 솟아올랐으니 말이다.

모두 윗목에서 쭈그리고 앉아 꾸벅꾸벅 졸다가 깜짝 놀라 고개를 추스르며 눈을 뜨면 까맣게 탄 장판 위에서 바지가 누릇누릇 타들어 가고 있었다. 한겨울 기나긴 밤이었지만 날이 밝아 오는 새벽까지 잠도 자지 못하고 꾸중을 들으며 물걸레질만 했던 것이다. 과유불급이었다. 그 다음 해 겨울도 마찬가지였다. 그해는 오세암의 요사에서 하루를 묵었는데 스님은 그만 넣으라 하고 우리는 몰래 장작을 우겨 넣었다. 스님은 조금 있으면 따뜻해진다고 했지만 산속에서 꽁꽁 얼은 우리들은 그 말을 믿을 수가 없었다. 결국 그날 또한 전 해와 마찬가지 꼴을 당하고 말았다. 마치 찜질방에라도 온 양 껌벅거리며 눕지도 못한 채 밤을 샜던 것이다. 더구나 방 안 공기가 더워져 턱턱 숨이 막힐 지경이어서 창문까지 열어 놓아야 했다. 삭풍 몰아치던 엄동설한의 깊은 산골에서 때 아닌 곤욕을 치른 것이다.

그토록 방이 뜨거울 수 있었던 것은 무슨 까닭이었을까. 그것은 구들이라는 것 때문이다. 민속학자인 손진태 선생의 말 풀이에 따르면 구들은 구운 돌에서 나온 말일 수 있다. 돌을 불에 구웠다는 것이니 얼핏 공감이 가기도 한다. 하지만 문자로 쓰기는 고려 때부터 온돌溫突이라고 했다. 구들과 온돌, 별것 아닌 것 같지만 말이 주는 뉘앙스는 너무도 달라 구들은 뜨겁게 느껴지고 온돌은 뜨뜻미지근하게 여겨지는 느낌이다. 그것이 언제부터 한반도에서 사용되기 시작했는지 정확한 시작은 잘 알지 못한다. 그러나 분명한 것은 구들은 북쪽 지방에서 마루는 남쪽 지방에서 발달하기 시작했다는 것이다. 백제의 기록에서는 구들을 찾아보기 힘들지만 '다락집'에 관한 기록을 찾을 수 있으며, 고구려의 기록에서는 마루를 찾아보기 힘들지만 구들에 관한 기록을 쉽게 찾을 수가 있는 것이

이를 말해 준다.

  지금으로부터 1,500여 년 전 중국 북위의 역도원이라는 사람이 지은 『수경주水經注』라는 지리서에 보면, 북경의 동남쪽에 있는 관계사觀雞寺라는 절에 온돌이 있었다고 한다. 그 온돌로 인해 엄동설한을 따뜻하게 지낼 수 있어 관계사로 출가하겠다는 사람들이 줄을 이었다고 하니 흥미로운 일이다. 본디 중국 사람들은 온돌을 사용하지 않았는데 그 절에만 있었다는 것은 고구려와의 관계를 살펴볼 필요가 있다. 당시 고구려에서는 이미 온돌을 사용하고 있었고 관계사는 고구려 영토에서 그리 멀지 않았으니 관계사의 온돌은 고구려에서 전래된 것이 분명할 것이라고 손진태는 말하고 있다.

  제주도의 경우 구들이 설치되기 시작한 것은 고려 말에서 조선 때에 이르러서이다. 제주 출신의 벼슬아치인 고득종이 15세기 말에 기록한 「홍화각중수기」에는 구들을 설치했다고 했지만 『동국여지승람』에는 "백성들의 집에는 아궁이와 구들이 없어 땅바닥에서 잔다"고 되어 있는가 하면 17세기 후반에 제주목사를 역임한 이형상이 쓴 『남환박물지』에도 제주도 민가에는 구들이 없다고 되어 있다. 또한 『성호사설』을 쓴 이익도 제주도 생활에 대한 이야기를 하면서 제주도 민가에 비로소 방 하나 정도에 구들이 놓이기 시작했음을 말하고 있다. 이는 구들이 한반도의 북쪽에서 남쪽으로 전래되었다는 것을 이야기하는 것이다.

구들과 마루의 탁월한 더부살이

요즈음도 부산이나 제주도의 초등학교에서는 겨울에 난로를 피우지 않는다. 그만큼 기후가 온화하기 때문이다. 그런 지방에서는 바닥을 따뜻하게 데우는 문제보다는 오히려 시원하게 지내는 것이 더 큰 문제였을 테니 구들보다는 마루가 발달했다. 중국 북송의 정치가이자 문인이며 학자였던 구양수가 쓴 『신당서』에 보면 "고구려인들은 짚으로 지붕을 잇고, 겨울철에는 구덩이를 길게 파서 숯불을 때 방을 덥힌다"고 되어 있다. 이는 구들문화가 북쪽에서부터 시작하였음을 보여 준다. 그러나 당시의 구들은 지금과 같이 방 전체를 덮이는 것이 아니라 방의 일부만을 데우는 '쪽구들' 이었다. 어쨌건 간에 중국과 가까운 고구려의 구들문화가 중국에서 전해지지 않았다는 것은 특이한 일이다. 중국은 우리들처럼 바닥 생활을 하는 것이 아니라 '캉' 이라고 부르는 침대와 의자 생활을 하니 바닥이 따뜻할 필요가 없었던 것이다.

이렇듯 남쪽의 마루와 북쪽의 구들이 만나기 시작한 것은 고려 때부터였다. 고구려의 그것이 고려로 전해지고 고려의 그것이 다시 조선으로 이어져서 한반도 전체에 퍼져 나갔다. 마찬가지 이때에 남쪽의 마루도 북쪽으로 올라오기 시작했고 그 둘이 절묘하게 한 건물 안에 자리를 잡기 시작한 것도 이 즈음이라고 봐야 한다. 이 둘은 모두 바닥에서 난방과 냉방을 하는 것이다. 이는 세계적으로 드문 것이다. 또 이 상반된 것 둘이 한 건물 안에 나란히 놓여 있는 경우 또한 세계적으로 없다. 물론 이들 둘이 같은 건물 안에 자리 잡은 것은 우리나라의 기후 탓임은 말할 필요도 없다.

한반도는 사계절이 뚜렷하기에 난방과 냉방이 골고루 필요했다. 여름이면 집안 생활의 중심은 마루가 되고, 이른 봄이나 늦은 가을에는 방과 마루가 반반씩 그리고 겨울에는 구들장이 깔린 방이 모든 생활의 중심이 되는 기후를 지닌 탓에 구들과 마루를 동시에 가지게 된 것이다. 옛 선비들이 누각이나 건물을 한 채 지으면 기문을 받거나 스스로 짓는 것이 유행이었는데 눈여겨 읽어 보면 마루와 온돌에 대한 이야기가 빈번하게 나온다. 다산 정약용이 지은 「기성잡시鬐城雜詩」의 중간 부분에 경남 마산의 죽림서원에 대한 이야기가 나오는데 그곳에 "온돌방 한 칸에다 시원한 마루 한 칸"이 있었다. 고려 초기의 문신 성재惺齋 최충(984~1068)이 지은 「봉선홍경사기奉先弘慶寺記」에는 절을 지은 내력이 남아 있는데 그 말미에 "또한 절의 서편에 여관客館을 마주하여 세웠는데, 한 구역이 80칸쯤 되었다. 이름을 광연통화원廣緣通化院이라 하였다. 이곳도 겨울에 사용될 따뜻한 온돌방과 여름에 사용할 널찍하고 시원한 방이 마련되었고, 식량을 저축하며 말먹이도 저장하였다"라고 했다.

또 고려 정권 아래의 문사였던 미수眉叟 이인로(1152~1220)가 쓴 충남 공주에 있던 정자의 기문인 「공주동정기公州東亭記」에도 "서쪽의 행랑과 남쪽의 행랑이 모두 열네 칸이요, 옷 갈아입는 장소와 음식 차리는 장소며, 겨울에 사용할 온돌방과 여름에 사용할 시원한 대청까지 모두 마련되었다"고 했다. 또한 사육신의 한 명인 취금헌醉琴軒 박팽년(1417~1456)이 쓴 충청도 회덕에 있는 「쌍청당기雙淸堂記」에도 "거실의 동쪽에다 사당을 지어 선세先世를 받들고, 몇 이랑의 밭을 두어서 제사의 찬수에 이바지하며, 사당의 동쪽에 따로 당을 세워 모두 일곱 칸인데, 중간을 온돌로 만들어 겨울에 적당하게 하고, 바른편 세 칸을 터서 대청을 만들어 여름에 적당하게 하고, 왼편 세 칸을 터서 포주庖廚와 욕실과 제기를 저장하는 곳을 따로따로 만들어 단청하고 담장을 둘렀는데, 화려해도 사치하지 않았다"고 했다.

죽림서원은 경남 마산, 홍경사는 충남 천안, 동정은 충남 공주 그리고 쌍청은 충남 회덕에 있다. 이들은 한반도의 중부 이남에 해당하는 지역이다. 그러니 마루가 있으면 곧 온돌이 함께 있어야 했던 것이다. 이는 여염집과는 다른 건축물이긴 하지만 여염집 또한 이와 다르지 않았을 것이다.

구들장이 홍씨 할아버지

어린 시절 형제들과 숨바꼭질을 하던 나는 급하면 마루 밑으로 숨어들곤 했다. 그곳은 언제나 서늘한 독특한 냄새와 풍경을 지니고 있었는데 뭐라 표현하기 힘든 것이었다. 또 여름이면 마루에 모여 앉아 수박화채를 먹기도 했는데 한겨울이면 밖에 나가기가 너무 추워 방 안에서 뒹굴어야 했다. 그럴 때면 이리 뛰고 저리 뛰고 작은 몸이 부서져라 굴러다녔는데 흥에 겨울만 하면 어머니는 "야야, 구들장 꺼진다. 고만 뛰라"고 소리치곤 했다.

그렇지만 그 소리가 장난꾸러기들 귀에 들어왔을 리 있겠는가. 급기야는 아랫목 한쪽이 푹 주저앉고 만 적이 있었다. 당연히 회초리로 모진 매를 맞았다. 피가 맺히도록 종아리를 맞고서도 동네에서 구들을 잘 놓기로 소문났던 홍씨 할아버지를 불러 방바닥 들어내는 일을 도와야 했다. 마루 또한 쿵쿵 구르면 쑥 빠지기도 했었는데, 그 정도는 아버지가 직접 깎아서 꿰맞출 수가 있었다. 하지만 구들은 그렇지 못했던 것이다. 할아버지는 빙긋빙긋 웃으며 "이거 지누 니가 이랬제. 자슥아. 방에서 그래 뛰마 안 되지, 그라마 되나 어데, 이기 보통 일이가. 니가 함 봐라"라며 타이르곤 했다. 홍씨 할아버지는 소문난 기술자였다. 구들장이라 불렀고 동네에 있는 방구들은 전부 홍씨 할아버지의 손을 거쳐야 했다.

할아버지는 구들을 놓으면서 걱정스러운 얼굴로 바라보는 어머니에게 "방이라 카는 거는 불을 때마 저 우에서부터 따뜻해져야 하는 기라. 그라고 양쪽 가새가 따뜻해지고 나서 아랫목이 뜨겁어져야 그기 진짜 구들인 기라. 아랫목부터 뜨겁어지마 그건 방도 아인 기라" 하면서 골고루 방을 따습게 할 수 있다는 솜씨를 은근히 뽐내며 어머니의 걱정을 가라앉혔다. 그리곤 익숙하게 방바닥을 제대로 만들어 놓았다. 그때 넙적한 구들장을 들어 나르고 마당에서 진흙을 개어 나르는 일은 모두 내 차지였다. 이제 홍씨 할아버지는 계시지 않지만 낑낑거리며 일을 하면서도 흘려들은 말은 또렷하게 기억이 남아 있다.

왜 윗목부터 따뜻해져야 하는 건지 그리고 방바닥은 왜 쿵쿵 뛰면 꺼지는 것인지 안 것은 한참 후의 일이다. 방바닥 아래로 불이 다니는 길이 있었던 것이다. 그것을 고래라 하는데 '구들고래' 또는 '방고래'로 불렀다. 그곳으로 불과 함께 연기가 돌아다닌다. 불은 아궁이에서 시작되니 고래 또한 아궁이에서 방바닥 아래로 평평하게 누워 있는 꼴이 되는 것이다. 대개 방바닥보다 아궁이가 낮게 있었으니 아궁이와 고래를 이어주는 턱을 '불목'이라 하고 진짜 바닥과 구들장 사이로 고래가 놓인다.

그러니 고래가 지나는 곳 말고는 흙이나 잡석 같은 것으로 방바닥 아래를 채우게 마련이었고, 그것이 지금의 콘크리트보다 허술했을 테니 방바닥을 구르면 구들징이 깨지거나 고래가 주저앉곤 했던 것이다. 또 구들을 잘 놓는다는 것은 지금의 보일러 방과 같이 방을 골고루 따뜻하게 한다는 것과 같다. 아랫목이야 불길이 바로 맞닿는 곳이니 섣부른 사람이 구들을 놓아도 따뜻하게 할 수 있는 일이다. 하지만 윗목은 불길이 미치는 가장 먼 곳이니 그곳까지 따뜻하게 하려면 고래의 길을 잘 알고 깔아야지만 가능한 일이었다. 결국 고래는 난로의 연통과 같은 것이어서 그곳으로 아궁이에서 발생되는 열과 함께 연기를 뽑아내는 것과 같다.

그러니 구들을 놓는다는 것은 아궁이와 굴뚝까지도 같이 볼 수 있어야 가능한 복합적인 기술이었던 것이다. 지금은 모두 가스보일러나 기름보일러가 되었지만 십수 년 전만 하더라도 겨울이면 연탄가스 사고가 심심찮게 일어나서 아까운 생명들이 죽어 나갔다. 이는 모두 구들과 굴뚝의 문제였다. 구들이 꺼진 채 연탄을 피웠거나 굴뚝이 낮아 가스가 집 안으로 스며들거나 고래나 굴뚝이 막혀 가스가 시원하게 빠져나가지 못한 까닭이었다. 그렇다고 굴뚝을 무턱대고 높여 달면 열기가 죄 빠져나가 방이 따뜻하지도 않을 뿐더러 연탄마저 빨리 타게 되니 어부지리는커녕 안 그래도 어려운 가정 경제가 낭패를 보기 십상이었던 것이다.

구들장이가 집에 구들을 놓는 일의 마지막은 고래 위, 구들장에 평평한 방바닥까지 만들어 주는 일이다. 방바닥은 어느 한쪽으로 기울지 않아야 하고 갈라져서는 안 된다. 구들장 위로 덮는 흙은 황토를 쓰는데 흙을 갤 때 여물을 썰어 넣는다. 대개는 짚을 썰어 넣었으나 집 형편에 따라서는 소의 털을 구해 찹쌀로 풀을 쑤고 흙과 같이 갠다. 그러면 지푸라기보다 보드라운 바닥을 만들 수 있고 찹쌀로 쑨 풀까지 더했으니 흙이 서로 달라붙는 점도가 높아져 갈라지거나 트는 일은 줄일 수 있었다.

드디어 홍씨 할아버지가 주저앉은 구들장을 제대로 놓았다. 마지막으로 아궁이에 신문지를 구겨 넣고 불을 피워 연기를 잔뜩 피웠다. 그리곤 방 안으로 들어가 이리 살피고 저리 살피고 하더니 "인자 다 됐구마. 따실끼라. 지누, 인자 방에서 가마이 놀아라. 어이"하고는 갔다. 어머니는 불을 세게 넣어 놓았고, 그날 밤은 모두 건넌방에서 자야 했다. 아직 바닥이 마르지 않았으니 장판을 깔 수가 없었던 것이다.

다음날도 그렇게 지내고 사흘이 지나서야 초배지를 바르고 장판을 발랐다. 그리곤 마르도록 기다렸다가 콩댐을 했다. 콩댐은 장판에 콩기름을 먹이는 것이다. 할머니가 콩을 갈고 그것을 들기름에다 섞어서 무명으로 만든 자루에다 담아 주면 우리들은 그것으로 방바닥을 문질렀다. 한참 후에 희멀겋던 방바닥이 노릇노릇 잘 구워진 호떡과 같은 색으로 바뀌는 것이 아닌가. 그제야 어머니와 아버지는 다시 안방으로 돌아가셨고 아버지는 "지누, 다리 안 아프나" 하면서 무릎 위에 나를 올려놓고 "노는 거는 밖에 나가서 씩씩하이 놀아야지 방에서는 인자 다시는 그라마 안 된다이. 알았제"라고 하셨다. 구들장 꺼진 것이 집안에 큰일을 치른 것이나 마찬가지였던 것이다.

아랫목에 묻어 두었던 밥

북새통을 치르고 나서 어머니는 저녁을 하셨다. 부엌으로 내려가서 아궁이에 걸린 솥을 들어내고 그곳에 쌀이 담긴 솥을 걸었다. 요즈음은 난방만을 위한 보일러가 있고, 또 밥을 하기 위해서는 다시 그것만을 위한 불을 사용해야 한다. 이는 서양의 방식이다. 그들은 바닥 난방을 하지 않았기 때문에 난방과 취사를 서로 달리 했던 것이다. 그러나 우리들은 하나의 불로 두 가지를 동시에 해결했다. 밥을 하면서도 바닥 난방을 하고 난방을 하면서도 밥을 할 수 있었던 것은 세계적으로 드문 경우이다.

여기에는 많은 장점이 있다. 서양의 난방은 벽난로에 의존하거나 그 후 나온 중앙난방이라는 보일러를 통한 라디에이터 난방 방식이 일반적이다. 이는 모두 불이 있는 동안은 따뜻하지만 불이 없으면 금방 식어 버리는, 순간 난방이다. 독일에서 프랑스의 왕가로 시집가서 공작의 아내가 된 리젤로떼 부인은 고향으로 보내는 편지에 "왕의 식탁에서도 물과 와인이 언다"고 적었는가 하면 "잠자리가 너무 추워 개를 여섯 마리나 침대에 데리고 잔다"라고 썼다. 왕이 사는 곳이니 땔감도 넘쳐 나고 방마다 벽난로 하나씩은 있었겠지만 잠을 잘 때까지 그것으로 난방을 하지는 못했을 것이다.

눈을 뜨고 있는 순간에만 난로를 통한 난방을 할 뿐 잠이 들고 나면 불은 꺼지게 마련이었다. 그럼에도 그들의 건물은 창이 많다. 난로에 불을 지피며 생기는 연기를 바깥으로 빨리 내보내기 위한 것이며 동시에 많은 양의 햇빛을 받아들이려 한 것이다. 때문에 밤이 되면 커튼을 쳐야 했고 추위에 떨며 개를 끌어안고 잠을 청했던 것이다. 개는 곧 난로와도 같은 역할을 한 셈이다.

우리는 어땠는가. 저녁을 짓고 나면 따뜻하게 구워진 돌인 구들이 새벽녘까지도 온기를 전해 주었다. 또 방이 식을 만하면 언제나 아침을 할 때가 되고 밥을 하기 시작하면 어느새 다시 방이 더워지는 효율적인 방식이 아니던가. 밥을 하면서 발생되는 열과 연기가 불목을 넘어 고래로 들어가고 그것이 굴뚝으로 빠져나가기까지 고래와 개자리에 머물면서 방을 따뜻하게 해주는 것이다.

그러나 제아무리 구들이라고 해도 그것만으로는 뛰어난 난방 방식이 될 수는 없다. 앞서 말했듯이 아궁이와 굴뚝 그리고 구들이 서로 궁합이 맞아야지 제대로 된 효과를 낼 수 있다. 그렇게 궁합이 맞아 방이 뜨거워

졌다고 하자. 그렇다면 절절 끓는 방바닥에서 발생되는 열로 인해 방 안 공기가 건조해지는 것은 어쩔 것인가. 그것은 창호지가 감당해 준다. 창호지는 한지이며 한지는 숨을 쉬는 종이이다. 서양식 건축에서 사용되는 유리는 바깥과 안의 공기를 차단하면서 바깥의 풍경을 감상하려는 데 그 목적이 있지만 창호지는 그렇지 않다. 한지의 채광이 유리와는 달리 되바라지지 않고 은근하듯이 공기 또한 문을 닫아 놓아도 창호지를 통해 은근히 들고나고 했다. 종이를 통해 바람이 들고나며 뜨거워진 구들에서 발생되는 열로 인해 탁해진 방 안 공기를 순환시켜 주는 기능을 지니고 있었던 것이다.

그 문을 열면 산이 있었다. 나는 사타구니가 거뭇해지던 열여섯 살부터 산에 다니기 시작해 아직까지 멈추지 않고 있다. 찬바람 헤치며 며칠씩 산에 다녀오면 어머니는 언제나 대문간에서부터 밥은 먹었느냐고 걱정부터 내놓으셨다. 먹었다고 대답하면서 넌지시 안방의 아랫목을 쳐다보면 그곳엔 불룩해진 작은 이불이 놓여 있었다. 밥이었다. 이미 먹고 들어와 먹지도 않을 밥이지만 그것이 묻어져 있지 않을 때면 괜히 서운했다. 또 형제들끼리 서로 이불을 끌어당기며 장난치다가 고이 묻어 놓은 아버지의 밥을 뒤엎어 혼이 난 적은 한두 번뿐이었겠는가. 그러면 어머니는 이불에 달라붙거나 방바닥에 떨어진 밥알을 한 알도 남기지 않고 모두 주워 당신이 드셨다. 어디 그것뿐인가. 경상도에서 단술이라고 하는 식혜도 그곳에 있어야 했고 때론 메주도 이불을 덮어씌워서 말렸다.

그처럼 불에 달궈진 구들장 덕에 거뭇하게 타버린 아랫목은 그저 따뜻한 곳만은 아니었다. 구들이 지친 육신만을 따뜻하게 녹여 주던 곳만은 아니었던 셈이다. 이젠 그립기조차 한 가족들 간의 사랑. 그것으로 나의

마음까지도 훈훈하게 녹여 주던 그런 것이었다. 옹기종기 이불 밑에 모두 발을 넣고 이야기꽃을 피우던 가족들, 허름하더라도 군불 지피는 집을 지으면 우리 가족 모두를 부를 것이다. 그리곤 방 안에 뜨거우리만치 불을 넣어 놓으면 절로 그렇게 아랫목으로 모이지 않겠는가. 적어도 우리 가족은 그렇게 서로를 사랑하는 가족이었으면 더할 나위 없겠다.

12
방 이야기

색즉시공 공즉시색

춘원 이광수의 부동산 투기

『예기禮記』에 목교지실目巧之室이라는 말이 나온다. 말 그대로 풀면 눈짐작으로 대충 지은 집이라는 말이다. 이는 선비들이 자신의 집을 누옥陋屋으로 낮춰 부르는 표현이다. 그러나 요즈음은 그때와는 사뭇 다르다. 자신의 집을 자랑하지 못해 안달을 하는가 하면 남의 집 구경하기를 무척이나 즐긴다. 그렇게 남의 집 구경을 하고 나면 그 집에 있는 것들을 갖추지 못해 또 다시 안달복달이다. 집의 규모와 집을 꾸민 것들이 자신을 이야기한다고 믿기 때문일 것이다. 그리고 내가 남들보다 낫다는 생각이 스스로를 지배하는 탓이지 싶다. 그것은 내가 집의 주인이 아니라 집이 나를 결정하는 우스꽝스러운 것이긴 하지만 극도로 발달한 자본주의의 속성상 뭐라 할 수도 없는 일이다.

집 구경이라는 것이 오늘만의 일은 아니다. 사람이 살기 시작하면서부터 남의 집 구경은 자못 흥미로운 일이었을 것이다. 선비들도 새로 집을 지으면 그 규모에 상관없이 지인들을 초청하여 즐겼다. 그렇게 집 구경하러 온 지인들에게 집의 당호堂號나 기문記文을 청하고, 또 기꺼운 마음으로 그 청에 응하곤 했던 것이다.

나도 집 구경을 떠난다. 근대의 문인들이 살았던 집들이다. 지금은 남아 있지 않은 집들이 대분이어서 아쉽긴 하지만 그렇기에 더욱 흥미로운 나들이 길이 될 것 같다. 그러나 내가 지금 어찌 그들의 집을 찾아 나서겠는가. 『신인문학』이라는 잡지 1936년 10월호에 「문인들의 주택순례」라는 글이 남았으니 그 글을 통해 나서는 것이다.

당시 춘원春園 이광수는 서울 효자동 175번지의 낡은 기와집을 하나 더 구했다고 한다. 그 전에는 당주동, 가회동을 전전하다가 북한산 연화봉이 빤히 보이는 세검정에 기와집을 새로 지었는데 그 집은 그냥 놔둔 채 효자동에 또 한 채의 집을 구한 것이다. 30평 가까이 되는 그 집을 구한 까닭이 재미있다. 그곳을 수리해 산아원産兒院을 만들어 돈벌이를 할 요량으로 구입한 것이라고 한다. 결국 지금의 부동산 투기와 다르지 않았던 것이다.

시인 정지용이 "나도 산문 쓰면 태준만큼 쓴다"라며 역설적으로 명문장임을 칭송한 상허尙虛 이태준의 집은 성북동의 미륵암으로 가는 길 곁에 있었다. 일곱칸의 초가집이었으며 옆에 초당이 한 채 더 있었다. 지붕은 껍질도 벗기지 않은 물푸레나무로 덮었으며 주춧돌은 우이동에서 주워 온 괴석을 그냥 놓았다고 한다. 처마 끝에는 풍경을 달고 마당에는 많은 화초를 심어 더할 나위 없이 아름다웠다는 그 집은 150평이나 되었으며 당시 돈으로 3~4천 원의 가치를 지녔다고 한다. 문인들의 집 치고는 부잣집에 속하는 것이었다.

친일 문학에 앞장섰던 소설가 팔봉八峰 김기진의 집도 성북동에 있었다. 대략 50평 정도가 되었다는 여덟 칸의 기와집이었다. 그 집 뜰에는 우물이 있었으며 자두나무 한 그루가 심어져 있었다. 시가로 2천 원이나 됨직 했다는데 당시 그는 그 집을 팔고 조금 작은 집으로 옮기려고 준비를 하고 있었단다.

또 호를 민촌民村이라고 쓰던 소설가 이기영은 빨간 벽돌담을 두른 누하동의 번듯한 기와집에 살다가 그 무렵 효자동 77번지의 초라한 초가로 이사를 했다. 그것도 여럿이 모여 사는 집이었다 하니 아마 셋방이 아니었을까 싶기도 하다. 노산鷺山 이은상의 집은 아현동에 있었다. 그 동네에 가서 이은상의 집을 물으면 모두 알 정도로 호화주택이었다고 한다. 앞은 시멘트로 지었지만 그 안은 기와집 그대로인 독특한 양식이었는데, 그 집에서 가장 훌륭한 것은 서재였다. 집값은 대략 5~6천 원으로 문인들의 집에서는 주요한의 집 다음으로 큰 집이었다. 당시는 이미 문필 활동을 접고 『조선일보』 편집국장을 거쳐 화신연쇄점 전무였던 주요한의 집은 2층 양옥이었다. 당주동에 있었다는 그 집은 유리창에 고운 커튼을 치고 뜰에는 온갖 화초들이 철따라 피어났으며 그의 자녀들은 스마트한 양복을 입고 다녔다고 한다.

호를 안서岸曙로 쓰던 시인 김억의 집은 성북동에 있었는데 열네 칸이나 되는 회려한 기와집이었다. 처마 끝에는 날아갈 듯한 부연을 달았고 자주색 바니시를 칠해 그 아담한 모양이 첫날밤의 신부와도 같이 아름다웠다고 한다. 그러나 그 집은 김억이 글을 써서 번 돈으로 장만한 것이 아니라 부인의 집에서 마련해 준 것이었다. 방이 많아 학생들의 하숙까지 했다는 그 집은 3천 원 정도 되는 집이었으나 김억이 그 집에서 살기 시작하면서 시詩가 그만 시들해지고 말았다고 한다.

책만 읽던 바보가 만든 이불과 병풍

이번에는 조선 선비들의 집 구경을 떠나자. 물론 아직까지 남아 있는 집들도 있을 테지만, 앞에서 근대 문인들의 집을 구경한 것처럼 이번에도 글을 읽으며 떠난다. 앞서 집의 겉모양을 봤다면 이번에는 그보다 좀더 깊숙이 들어간다. 책만 읽는 바보, 곧 간서치看書痴라 불리던 조선 후기의 형암炯庵 이덕무(1741~1793)가 지은 「이목구심서耳目口心書」에 섬뜩한 이야기가 나온다.

> 지난 경진년·신사년 겨울에 내 작은 초가가 너무 추워서 입김이 서려 성에가 되어 이불깃에서 와삭와삭 소리가 났다. 나의 게으른 성격으로도 밤중에 일어나서 창졸간에 『한서漢書』 1질帙을 이불 위에 죽 덮어서 조금 추위를 막았으니, 이러지 아니하였다면 거의 후산後山의 귀신이 될 뻔하였다. 어젯밤에 집 서북 구석에서 독한 바람이 불어 들어와 등불이 몹시 흔들렸다. 한참을 생각하다가 『노론魯論』 1권을 뽑아서 바람을 막아 놓고 스스로 변통하는 수단을 자랑하였다. 옛사람이 갈대꽃으로 이불을 만들었는데 이것은 특별한 경우이고, 또 금은으로 상서로운 짐승을 조각하여 병풍을 만든 자도 있는데 이는 너무 사치스러워 본받을 것이 없다. 어찌 나의 경사經史로 만든 『한서』 이불과 『노론』 병풍만 하겠는가. 또한 왕장王章이 우의牛衣를 덮은 것과 두보가 마천馬韂을 덮은 것보다 낫다. 을유년 겨울 11월 28일에 기록한다.

참 슬픈 글이다. 오죽하면 방에 불도 때지 못했던 모양이다. 가진 것 없어도 그나마 책은 흔했던지 그것으로 쇠보다 더 차가워진 이불에 덧씌우고 또 다른 책 한 권으로는 구멍 난 문을 막아 놓고 스스로 흡족해 하고 있다. 이를 어쩔까. 난감하기만 하다. '후산의 귀신'이란 얼어 죽는 것을 말하는 것이다. 송나라 때의 청렴하고 지조가 높은 선비인 진사도陳師道의 호가 후산인데 그가 몹시 추운 날 교사郊祀에 참석했다. 그러나 옷에 솜이 들어 있지 않아 그만 학질에 걸려 죽었다고 한다. 또 왕장王章은 한나라의 성제成帝 때 사람인데 제생諸生으로 있을 때 병중에 이불이 없어 소가 덮는 덕석을 덮고 아내와 눈물을 흘리며 잠을 청했으며, 두보 또한 말안장을 덮고 잠을 청했던 적이 있다고 한다. 그래도 이덕무는 후산의 귀신을 면하고 왕장이나 두보보다는 자신이 낫다고 말하고 있으니 사람의 맑음이 고스란히 전해져 오는 아름다운 글이다.

그토록 청빈한 선비인 그의 방은 어떻게 생겼을까. 이덕무가 젊은 시절의 자기 자신에 대해 쓴 「간서치전看書痴傳」에 방 풍경이 나온다.

목멱산 아래 어떤 어리석은 사람이 살았는데, 어눌하여 말을 잘하지 못하였으며, 성격이 졸렬하고 게을러 시무時務를 알지 못하고, 바둑이나 장기는 더욱 알지 못하였다. 남들이 욕을 하여도 변명하지 않고, 칭찬을 하여도 자긍하지 않고 오직 책보는 것으로 즐거움을 삼아 추위나 더위나 배고픔을 전연 알지 못하였다. 어렸을 때부터 스물한 살이 되기까지 일찍이 하루도 고서를 손에서 놓은 적이 없었다. 그의 방은 매우 작았다. 그러나 동창·남창·서창이 있어 동에서 서쪽으로 해 가는 방향을 따라 밝은 데에서 책을 보았다. 보지 못한 책을 보면 문득 기뻐서 웃으니, 집안사람들은 그의 웃음을 보면 기이한 책을 구한 줄을 알았다. 두보의 오언율시를 더욱 좋아하여 앓는 사람처럼 웅얼거리고, 깊이 생각하다가 심오한 뜻을 깨우치면 매우 기뻐서 일어나 왔다 갔다 걸어 다녔는데 그 소리가 마치 갈가마귀가 짖는 듯하였다. 혹은 조용히 아무 소리도 없이 눈을 크게 뜨고 멀거니 보기도 하고, 혹은 꿈꾸는 사람처럼 혼자서 중얼거리기도 하니, 사람들이 그를 가리켜 간서치라 하여도 웃으며 받아들였다. 아무도 그의 전기를 써 주는 사람이 없기에 붓을 들어 그 일을 써서 간서치전을 만들고 그의 성명은 기록하지 않는다.

그래도 우리는 그가 누구인지 다 알게 되어 버렸다. 그런 그에게 가장 귀한 것은 무엇이었을까. 그가 낙서洛瑞 이서구(1754~1825)에게 쓴 편지에서 자신이 지닌 가장 귀한 것에 대해 고백하는데 그것은 『맹자』이다. 그러나 궁핍한 생활은 그마저도 온전히 지닐 수 없게 하였다. 어느 날 굶주림에 지친 그는 돈 2백 닢을 받고 책을 팔아 밥을 먹어야 했으니까 말이다. 그렇게 배불리 밥을 먹고 난 다음, 친구인 영재泠齋 유득공(1749~?)을 찾아가 자랑을 하자 유득공 역시 이덕무와 다를 것이 없었다. 그도 곧 『좌씨전左氏傳』을 내다 팔아 쌀을 사고 남은 돈으로 술을 받아먹었다. 비록 그처럼 가난했지만 이덕무와 낙서, 영재는 재선在先 박제가(1750~1805)와 함께 4가시인四家詩人이라 불렸던 인물들이다. 그렇게 견주어 보면 김억의 시가 왜 갑자기 시들해지고 말았는지 짐작해 볼 수 있지 않을까? 시인의 가난한 방은 곧 시의 재료를 담아 두는 헛간과도 같은 것인 셈이다. 비록 4가시인들은 가난했을지언정 빼어난 글을 넘쳐 나도록 남겼으니 말이다.

달팽이처럼 작은 띳집

앞서 '마당 이야기'에서 이정에게 근사한 집을 그려 달라는 편지를 보냈던 허균은 과연 어떤 집에서 살았을까. 그는 「누실명陋室銘」, 곧 누추한 나의 방이라는 글을 남겼다.

> 방 너비는 10홀쯤인데 남으로 지게문 둘을 내니 한낮 볕 쪼여들어 하마 밝고도 따사롭네. 집이라야 바람가릴 벽만 섰으나 책은 고루 갖추었네. 쇠코잠방이 하나 걸친 이 몸, 탁문군卓文君의 짝이라네. 차 반 사발을 마시며 한 자루 향 사르네. 세상에서 물러나와 천지 고금을 가늠하노라. 집이 누추하니 어찌 사노라고 남들이야 말하지만 내가 보기에는 신선의 세계란다. 내 마음 고요하고 이 몸 편하거니 그 뉘라서 누추하다 하는고. 내 누추하다 여기는 것은 몸과 명성 함께 이울음이니 원헌原憲은 봉호蓬戶에 살았고 도잠陶潛도 띳집에 살았건만 군자가 산다면 누추한들 어떠리.

1홀은 2척 6촌이다. 그러니 10홀이면 스물여섯 자인 셈이다. 너비가 그만하면 당시로서는 작은 방은 아니었지 싶다. 그러니 누실이라는 것은 글머리에 말한 목교지실과도 같은 것이리라. 탁문군은 서한시기의 저명한 대문학가인 사마상여(BC 179~BC 117)의 마음을 한눈에 빼앗아 버린 설세미인이었다. 하지만 그들은 축복받은 결혼을 하지 못하고 야반도주하는 신세가 되어 가난하기 짝이 없는 삶을 살았다. 이윽고 그들은 술집을 내어 술장사를 하며 살았으니 '쇠코잠방이 걸친 이 몸이 탁문군의 짝'이라는 말은 스스로 가난한 시절의 사마상여에 자신을 빗댄 말일 것이다. 원헌은 노나라 사람으로 공자의 제자이다. 워낙 청빈하여 지붕은 생

풀을 엮어 만들고 지게문은 쑥대를 엮었다는데 쑥대로 엮은 문이 봉호이다. 도연명의 집 또한 허술하기 짝이 없어 비바람을 가리기가 힘들었고, 아무것도 가진 것 없어 집안은 텅 빈 것처럼 쓸쓸했다고 한다. 결국 허균은 화가 이정에게 자신의 마음속에 있던 집을 그려 달라고 했던 것이다. 그런 집에서 살고 싶지만 그리하지 못하는 마음을 달래기라도 하려는 듯 말이다.

안락선생安樂先生이라는 호를 썼던 중국 송나라의 철학자 소옹邵雍은 낙양으로 이사를 한 다음 초라하기 짝이 없는 집을 지어 놓고 안락와安樂窩라는 이름을 짓고 살았다. 그러니 집이란 그저 자기 분수에 맞게 짓고 자기 마음에 들어차면 고대광실이 따로 없는 것이다. 조선 중기 문신인 아계鵝溪 이산해(1539~1609)의 『걸귀록乞歸錄』에 「띳집(茅屋)」이라는 시가 남았는데 절품이다.

> 숲 사이 띳집이 달팽이처럼 작은데 / 쇠죽 끓이는 아궁이에 조밥 지으니 방 더욱 따뜻해라 / 기왓장 베개에 찢어진 이불이지만 잠이 넉넉하여 / 밤새 비바람이 많았음도 알지 못한다네.

아름답고 아름답다. 자신의 처지와 분수를 이토록 긍정적으로 받아들이다니 그저 놀라울 따름이다. 집이 초라하다고 그 주인의 생각마저 빈궁한 것은 결코 아니다. 그러나 자본주의적 현실과 사고는 집이 가난하면 곧 그의 생각마저도 빈궁한 것으로 치부하게 되었으니 경계해야 할 것이 분명하다.

우울했던 나의 첫 번째 소풍

역시 남의 집 구경은 재미있는 것이다. 그 재미에 빠져 방 이야기한다고 해 놓고 집 구경만 하고 있었다. 우리 집에는 방이 모두 셋이었다. 같이 살던 식구는 모두 여섯이었는데 우리가 두 개의 방을 쓰고 방 하나는 세를 주었다. 세를 준 방에는 따로 부엌을 만들었으며 그곳에는 남매가 살았다. 대청으로 올라서면 오른쪽으로 안방이 있었고 왼쪽으로 우리 형제들의 방 그리고 셋방이 잇대어 있었다. 안방에는 다락이 붙어 있었고 그곳의 문은 대청 쪽으로도 있었지만 뒤란의 우물께로 나가는 작은 문도 있었다. 또 부엌으로 드나들지는 못하지만 작은 물건들을 주고받을 수 있는 문도 있었다.

초등학교 1학년 때였다. 나의 형과 큰집의 막내는 동갑이었다. 둘은 학교를 같이 다녔으며 집안의 귀여움을 독차지하고 있었다. 그렇지 않았겠는가. 사촌 형은 막내의 귀여움을 그리고 또 하나는 맏이의 몫이 있었을 테니 말이다. 지금은 이렇듯 쉽게 이야기하지만 당시 나의 스트레스는 매우 심하여 우울하기까지 했다. 둘째여서 겪어야 했던 그 슬픈 이야기는 책 한 권을 써도 모자람이 없을 지경이다. 집안 어른들은 그 둘을 위해서는 무엇이든 아끼지 않았지만 둘째인 나에게까지 그 차례가 돌아오지는 않았다. 분하기도 하고 서럽기도 했던 시절, 드디어 나도 책가방을 메고 학교에 다니게 되었다. 둘이 붙어 다니는 것을 늘 부러워했었으니 그 기쁨은 대단한 것이었다.

봄이 무르익어 갈 무렵, 그토록 기다리던 소풍을 가게 되었다. 그렇게도 부러운 시선으로 바라보던 소풍을 말이다. 하늘을 날아갈 듯 즐거운 마음으로 집에 돌아왔지만 덜컥 겁이 났다. 비가 오면 어찌하나 싶었던 것이다. 그래서 아무도 몰래 다락으로 올라가 촛불을 켜곤 누구에게인지는 모르지만 손을 모아 빌었다. 할머니가 그렇게 하는 것을 본 적이 있으니 나도 그 흉내를 냈던 것이다. 그런데 그만 일렁거리던 촛불이 문을 바르고 남은 창호지에 옮겨 붙어 버렸다. 그리고는 나의 힘으로는 걷잡을 수 없게 번지고 말았다. 연기를 본 이웃 사람들과 급히 달려온 아버지가 힘을 합해 불을 꺼서 큰 피해는 없었지만 당시 제법 비쌌던 호마이카 상 서넛을 불태우고 말았다. 다음날, 그래도 어머니 손을 잡고 소풍은 갔다. 하지만 나의 첫 번째 소풍은 우울하기 짝이 없었다. 나 스스로도 기가 죽어 있었지만 형들이 놀려 댔기 때문이었다.

그런 우리 형제들은 앞서 이야기했지만 모두 넷이었다. 거기에다가 전부 사내들이었다. 여자라곤 어머니밖에 계시지 않아 지금도 무뚝뚝한 집 안이긴 하지만 나름대로 사내아이들만이 지닐 수 있는 즐거움도 있었던 듯하다. 호를 신독재愼獨齋로 쓴 조선 중기의 문신 김집(1574~1656)이 지은 「형제를 그리며(次憶兄弟)」라는 시에 "한 이불 덮고 즐길 날이 어느 때나 있을는지(姜衾同樂知何日)"라는 구절이 있다. 우리 또한 방에서 한 이불을 덮고 아옹다옹했으니 지금은 그때가 그립기도 하다.

안방에는 아직까지 부모님들이 사용하시는 장롱과 문갑이 세간의 전부였으며, 스위치를 켜면 벌겋게 불이 들어오던 진공관식 라디오와 텔레비전 그리고 책장 말고는 없었던 것 같다. 또 우리들 방에는 순전히 형을 위한 책상과 책장 그리고 동생들을 위한 책상 대용의 밥상 하나가 전부였다. 재봉틀은 마루에 있었고 방에는 그리 많은 세간들이 없었다. 방이 그리 크지도 않았을 뿐더러 그곳을 사용해야 하는 사람은 많았기 때문이다. 당시의 놀이라는 것은 대개 밖에서 이루어지는 것이었을 뿐 방 안에서 할 수 있는 것은 거의 없었다. 저녁을 먹고 나면 간혹 늦게까지 계시던 할머니가 해주시는 옛날이야기가 고작이었다. 더구나 아버지가 일찍 들어오시는 날이면 조용하게 있어야 했으니 그나마 심심하기 짝이 없었다.

하지만 할머니의 이야기를 들을 때면 모두 이불 속에 발을 넣고 둘러앉아 귀를 쫑긋 세웠다. 그러나 누군가가 할머니의 무릎을 파고들어 베고 눕기라도 하면 서로 이불을 많이 차지하겠다고 법석을 떨었다. 동생들은 "할매, 히야가 내 이불 다 가 갔다. 봐라, 내 발은 여 이래 밖으로 나와 있잖아"라며 볼멘소리로 울먹였다. 그러니 할머니는 이야기를 이어나가기보다 우리 형제들의 내분을 가라앉히기에 급급했으며, 결국에는 "너것들 이래 분답게 설치대마 할매가 이야기 고마하고 집에 간다"라며 으름장을 놓았다. 그제야 우리들은 다시 조용해졌지만 우리들 방으로 가서 누우면 또 다시 서로 이불을 많이 덮겠다면서 아우성을 치곤했다. 당시 우리 4형제를 위한 이불은 한 채밖에 없었으니 그 다툼이 치열할 수밖에 없었다. 그것이 곧 장침대피長枕大被였던 셈이다.

그러나 이규보에게 이불은 도량과도 같은 것이었다. 그는 늙어서 경서 읽기를 그만두고 『능엄경』을 읽기 시작했다는데, 누워서 『능엄경』을 읽으며 "이불 속이 바로 도량"이라고 했다. 또한 「이불 속에서 웃다(衾中笑)」라는 시에서는 "인간 사이 우스운 일 자주 일어나지만 / 낮에는 생각이 많아 웃을 겨를도 없네. / 밤중에 이불 속에서 슬며시 웃으니 / 손뼉치고 큰 입으로 웃는 것보다 더 큰 웃음이네"라도 했다. 이것은 무슨 말인가. 「신론신독新論愼獨」에 이르기를 "홀로 서 있을 때는 그림자에 부끄럽지 않게 하고(獨立不愧影), 혼자 잠잘 때는 이불에 부끄럽지 않게 해야 한다(獨寢不愧衾)"라고 했다. 그러하니 잠들기 직전의 이불 속은 하루 있었던 일을 되짚어 보거나 마음을 다잡기에 더할 나위 없는 장소라는 말이기도 할 것이다.

그림자를 본받다
그렇게 이불 다툼을 하던 우리들이 방에서 일제히 환호성을 지를 때가 있었다. 정전이 되어 암흑과도 같아질 때인 것이다. 하루가 멀다 하고 툭 하면 정전이 되던 시절이었으니 며칠씩 전기가 끊기지 않고 계속 들어오면 오히려 우리들은 은근히 전기가 나가기를 기다리곤 했다. 방 한쪽에는 놋쇠로 만든 촛대에 항상 초가 꽂혀 있었으며 덕용포장으로 된 성냥은 방이며 아궁이에 굴러다녔으니 정전만 되면 얼른 촛불을 밝히고 그림자놀이를 시작했다. 손을 모아 촛불 가까이 대고 늑대도 만들어 창호지를 바른 문에 비추면 동생들은 무섭다며 어머니 품으로 파고들곤 했다. 어느 날은 형이 다른 친구에게서 배워 온 특이한 모양을 비추면 우리 모두는 그것을 따라 하느라고 호들갑을 떨었으니 구멍 난 양말을 꿰매고 있던 어머니는 정신 사납다며 호통을 쳤다. 그러나 우리들이 누구인가. 그 정도로 그칠 것 같았으면 아예 시작도 하지 않았을 개구쟁이들이 아닌가. 급기야 아버지가 돌아오시는 기침 소리가 나면 언제 그랬냐싶게 얌전한 양으로 돌아가 대청으로 뛰어나가 아버지를 맞이하곤 했다. 아버지는 형보다 훨씬 더 많은 모양을 만들 수 있기 때문이었다.

우리들은 그것을 손으로만 만들었다. 다른 무엇을 가지고 만들 생각은 하지 못했던 것이다. 그러나 정약용은 그렇지 않았다. 그도 어느 가을날, 지인들과 방 안에서 술을 마시다가 그림자놀이를 한다. 「국화 그림자를

읊은 시의 서(菊影詩序)」라는 제목의 글이 그것인데, 그는 국화가 꽃 중에서도 빼어난 꽃인 까닭을 네 가지 꼽았다. 하나는 뒤늦은 철에 피는 것이요, 다른 하나는 꽃이 피어 빨리 시들지 않고 오래도록 추위를 견디며 피는 것이다. 또 그윽한 향기가 일품이며 마지막으로 곱지만 화려하지 않고 깨끗하면서도 서늘하도록 차갑지가 않다는 것이다. 그러나 이것은 세상사람 누구나 다 아는 국화의 아름다움이지만 자신은 또 하나의 아름다움을 알고 있으니 바로 국화를 촛불 앞에 두고 그 그림자가 비치는 모습을 보는 것이라 했다. 그는 늦은 가을이면 밤마다 그것을 즐겼다고 하니 놀라운 일이 아닐 수 없다.

어느 하루는 지인인 남고南皐 윤규범(1752~1846), 주신周臣 이유수(1758~?), 혜보徯甫 한치응(1760~1824)과 윤무구가 같이 국화 그림자 놀이를 했다. 그때 비친 그림자를 보며 정약용은 "기이한 무늬, 이상한 형태가 홀연히 벽에 가득하였다. 그 중에 가까운 것은 꽃과 잎이 서로 어울리고 가지와 곁가지가 정연하여 마치 묵화墨畵를 펼쳐 놓은 것과 같고, 그 다음의 것은 너울너울하고 어른어른하며 춤을 추듯이 하늘거려서 마치 달이 동녘에서 떠오를 제 뜨락의 나뭇가지가 서쪽 담장에 걸리는 것과 같았다. 그 중 멀리 있는 것은 산만하고 흐릿하여 마치 가늘고 엷은 구름이나 놀과 같고, 사라져 없어지거나 소용돌이치는 것은 마치 질펀하게 나뒤치는 파도와 같아, 번쩍번쩍 서로 엇비슷해서 그것을 어떻게 형용할 수 없었다"라고 쓰고 있다.

그러니 그림자놀이는 촛불이나 등잔불이라는 아날로그적인 생활 도구가 만들어 낸 하나의 문화였다. 당대를 주름잡던 선비들이나 여염의 보잘것없는 집에서도 가릴 것 없이 그 놀이를 했을 테니 말이다. 더군다나 촛불이나 등잔불이 사라지고 난 후 전깃불은 우리 머리 위에 매달리게 되었다. 촛불이나 등잔은 눈높이가 맞아 그림자를 쉽게 만들어 주었지만 머리 꼭대기에 달린 전깃불은 방에서 그림자를 앗아가고 대신 밝음만을 남긴 것이다. 그러니 자신의 그림자는 태양이 내리쬐는 한낮이 아니면 볼 수 없게 되었다. 그만큼 스스로를 되돌아볼 수 있는 기회가 줄어든 것이나 마찬가지이다. 이규보는 「등불 앞에 비친 그림자(燈前炤影)」라는 시에서 다음과 같이 노래한다.

> 골상骨相은 나타내기 어려우나 / 머리 모양만은 대략 진짜와 같은데 / 쓸쓸한 이 한 개의 그림자가 / 영욕을 모두 맛본 몸일세.

이는 스스로를 자랑함이 아니다. 영욕을 맛보고 만사를 겪은 후에 스스로를 바라보는 반성의 노래인 것이다. 호를 제정霽亭으로 쓴 고려의 유학자 이달충(1309~1385)은 적막한 산속에서 한시도 자신을 떠나지 않으며 적적함을 달래 준 그림자가 고마워 시를 지었는데, 마지막에 이렇게 말한다. "무엇이나 내가 동작하는 것 / 그는 하나하나 흉내를 낸다. / 오직 나는 말이 많은데 / 그림자는 이것만은 취하지 않는다. / 그림자는 이렇게 생각함이 아닐까 / 말은 몸을 위태롭게 하는 것이라고 / 그림자가 나를 본받는 것 아니고 / 내가 그림자를 스승으로 삼는다." 이는 우물이 거울과 같은 것이듯이 그림자 또한 스스로를 반성하게 하는 거울과 같은 것이라는 이야기를 하고 있는 것이나 다르지 않다. 비록 나에게 그림자는 방의 벽이나 하얀 문에 비쳐 보는 놀이에 불과했지만 선비들에게 그림자는 자신을 되돌아보게 하는 그 무엇이었던 셈이다. 그렇다면 이불에 부끄럽지 않게 하고, 그림자를 보며 자신을 다잡는 방은 잠만 자는 곳이 아니었다. 그곳은 스스로를 다스리며 꿈을 준비하는 공간이기도 했던 셈이다.

색즉시공 공즉시색

겨울방학에 외갓집에 가면 방 안에 우리 집에 없던 것이 있었는데 그것은 화롯불이었다. 외할아버지는 그곳에 밤을 굽지는 않았다. 대신 감자나 고구마를 구웠다. 외할아버지는 쇠로 만든 긴 젓가락을 들고 화롯불을 이리저리 쑤시며 잘 익은 고구마를 꺼내 우리에게 주시곤 했다. 또 밥을 하고 나면 아궁이에 남은 시뻘건 숯불을 삽으로 떠서 화로로 옮기는 일은 외삼촌들이 했다. 당시 외갓집에는 외삼촌과 이모들이 있었다. 우리는 남자들만 있어서 방이 하나면 됐지만 외갓집은 이모들이 있으니 그들에게 따로 방이 필요했다. 외삼촌들의 방은 안채와는 떨어진 별채에 있었으며, 이모들은 외할아버지와 할머니가 계시는 안채에 덧대어 만든 방을 썼다. 아마도 남자와 여자라는 것 때문에 그리한 듯 보였다.

  논밭을 뛰어다니며 겨울방학을 보내고 맞이한 어느 봄날, 나는 우리 집 안방에서 기이한 장면을 보았다. 당시 어머니의 배는 산보다도 더 큰 만삭이었던 것이다. 마침 내가 집에 있을 때 양수가 터져 방 안이 엉망이 되었고 다급한 어머니는 날더러 할머니를 불러오라고 하셨다. 사실 지금 와서 이야기지만 나는 그때 어머니가 돌아가시는 줄 알았다. 부랴부랴 눈물을 흘리며 큰집으로 달려가 할머니를 부르자 할머니는 또 산파라는 사람을 불렀다. 할머니와 내가 먼저 집으로 달려갔지만 나는 더 이상 어머니의 모습을 볼 수 없었다. 다만 대청을 서성이며 고통에 겨운 어머니의 비명 소리만 들어야 했다. 그때 왜 그렇게 눈물이 났는지 모르겠다.

곧 아버지도 달려오셨지만 아버지 또한 나와 함께 대청을 서성이거나 마당을 오갈 뿐 방에 들어가지는 못했다. 얼마간의 시간이 지났을까. 방에서 나오시던 할머니가 아버지를 보고 "야야, 또 꼬추다"라고 말씀하시며 빙긋 웃으셨다. 아버지도 덩달아 흐뭇한 웃음을 지으셨고 나에게 "지누야, 니 동생 태어났단다. 남자다"라고 하셨다. 동생이 태어난 것이다. 그때부터 우리는 안방에 잘 들어가지 못했다. 잠시 동생의 얼굴만 보았을 뿐 우리들 방에서 얌전히 지내야 했던 것이다. 그리고 며칠이 흐른 후, 형과 나는 어머니의 젖을 물고 있는 동생의 얼굴을 볼 수 있었다. 구슬치기를 하느라 튼 투박한 손으로 만지지도 못하고 겨우 손가락으로 갖다 대본 동생의 얼굴, 그 감촉은 아직도 잊혀지지 않는다.

그리곤 내가 스무 살이 되던 겨울, 설악산으로 훈련 등반을 떠났다가 설악동 우체국에서 다급한 전보 한 통을 받았다. 할아버지가 돌아가셨다는 것이다. 짐을 챙겨 황망한 마음으로 대구로 달려갔다. 요즈음은 병원 영안실로 가겠지만 그때만 해도 모든 일은 집에서 치렀다. 이윽고 다다른 큰집, 할아버지는 당신이 머무시던 방 안에 세운 병풍 뒤에 차가운 몸으로 누워 계셨다. 내가 영정을 들고 산에 올랐다. 나를 업어 키우셨던 할아버지를 눈물과 함께 그렇게 보내 드렸다.

지금 와서 생각하면 방이라는 곳은 생명이 나고 스러지는 곳이다. 세상이 달라져서 나는 것도 죽는 것도 모두 병원에서 해결하는 요즈음 사람들은 미처 생각하지 못할 일이기도 하다. 방이라는 것이 집에서 가장 깊숙한 곳에 있으며 가장 사적인 공간임은 부정할 수 없다. 그러나 적어도 나의 경험으로는 그곳은 그와 동시에 가장 고귀한 곳이기도 하다. 생명을 잉태하고, 생명이 태어나며 또 본디의 자리로 돌아가는 곳이니까 말이다. 방에서 깨닫는다. 삶이란 것이 색즉시공이고 공즉시색이라는 것을 말이다.